CÓMO SOBREVIVIR A...

LA II GUERRA MUNDIAL

© 2024 Grupo Edebé

Paseo de San Juan Bosco, 62

08017 Barcelona. España

© Del texto y las ilustraciones: Juan de Aragón, 2024

Representado por Tormenta

www.tormentalibros.com

Asesor histórico: Víctor García González

Dirección editorial de Publicaciones no ficción: Marta Sans

Editora: Clàudia Sabater

Primera edición: septiembre de 2024

Impreso en España – Printed in Spain

ISBN: 978-84-683-7062-0

Depósito legal: B. 6888-2024

CÓMO SOBREVIVIR A...

LA II GUERRA MUNDIAL

La guía de supervivencia de El Fisgón Histórico

edebé

 # Índice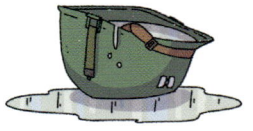

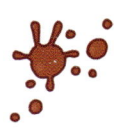

CAPÍTULO IV: VOLAR PARECÍA FÁCIL

Volar es todo un sueño cumplido de la humanidad, pero si llevas armas a los cielos la cosa ya no tiene tanta gracia. Tírate en picado, asciende y... ¡vuela!

CAPÍTULO V: MÁS TE VALE SABER NADAR

Olvídate de huir por agua. Aquí están los grandes acorazados y los novedosos portaaviones. Ah, ¡y cuidado con los submarinos!

CAPÍTULO VI: Y LA GENTE NORMAL, ¿QUÉ?

No pienses que te libras por civil. Vivir en zona ocupada es un fastidio y que te bombardeen es ya directamente una pesadilla. ¡Mejor prepara un buen refugio para evitar problemas!

CAPÍTULO VII: EL FIN DE LA II GUERRA MUNDIAL

Tras seis años de guerra, al fin acabó la guerra y un nuevo mundo nació de sus cenizas. ¿Conoces el legado que nos dejó?

Las fuerzas del mal han despertado y sus tentáculos se extienden por el mundo libre apoderándose de naciones enteras. Las tropas arrasan ciudades, pueblos y montañas mientras sus astutos líderes diseñan superarmas que los hacen indestructibles. ¡Pero no temas! Supersoldados de todo el mundo se han unido para hacer frente a la devastación.

¡Es la hora de luchar por la libertad en la Segunda Guerra Mundial!

¡ES LA HORA DE LOS HÉROES!

Aunque en las películas y los videojuegos nos la pinten como algo épico y glorioso, **la guerra** no tiene nada de positivo. Y mucho menos la Segunda Guerra Mundial, que fue una de las **PEORES ETAPAS** de los últimos siglos… ¡Que ya es decir!

Incluso entre todas ellas, la Segunda Guerra Mundial destaca como uno de los conflictos **más letales**. Durante seis años, **DOS BLOQUES** de países se enfrentaron en Europa, el

norte de África, Asia y Oceanía, con todo tipo de ametralladoras, bombas, lanzallamas (sí, has leído bien) e incluso **ARMAS NUCLEARES**. Todo esto provocó muchísimos **muertos** y heridos no solo entre soldados, sino también entre civiles, y **TRASTOCÓ** la vida de millones de personas.

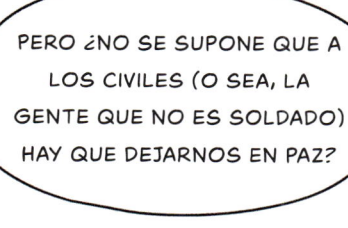

PERO ¿NO SE SUPONE QUE A LOS CIVILES (O SEA, LA GENTE QUE NO ES SOLDADO) HAY QUE DEJARNOS EN PAZ?

Sí, parece **IMPOSIBLE** sobrevivir a todo esto, pero, si lo piensas, mucha gente logró salir con vida de aquel infierno. ¡Y este **MANUAL DE SUPERVIVENCIA** tiene las claves para ello! Así que, si aún quieres conocer una de las épocas clave de la historia sin morir en el intento, agarra un casco y sigue leyendo. ¡He aquí la Segunda Guerra Mundial!

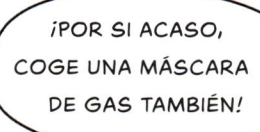

¡POR SI ACASO, COGE UNA MÁSCARA DE GAS TAMBIÉN!

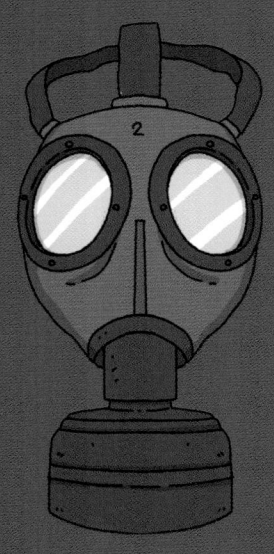

¿Segunda? Guerra Mundial

Seguro que lo primero que te llama la atención al pensar en la Segunda Guerra Mundial es eso de **«SEGUNDA»**. ¿Es que hubo una «primera» antes? Y, con la cantidad de grandes guerras que ha habido, ¿no debería ser la **«GUERRA NÚMERO 2501924»** o algo así?

Es cierto. En la historia de la humanidad ha habido **muchas guerras** entre distintos países, algunas cubriendo territorios muy extensos y provocando miles de muertes.

Pero a principios del siglo XX pasó algo sin precedentes: se enfrentaron **dos grandes bandos**. Por un lado, la **TRIPLE ENTENTE** (formada por Francia, el Imperio británico y la Rusia imperial) y, por otro, las **POTENCIAS CENTRALES** (el Imperio alemán, el Imperio austro-húngaro y el Imperio otomano).

PRIMERO, AUSTRIA-HUNGRÍA LE DECLARÓ LA GUERRA A SERBIA. LUEGO, RUSIA SE PUSO DEL LADO DE SERBIA Y ALEMANIA LE DECLARÓ LA GUERRA A RUSIA. DESPUÉS...

Estos dos bloques se enfrentaron en Europa, Asia, África, América... durante cuatro años (1914-1918), hasta que las Potencias fueron derrotadas y firmaron la **PAZ** con la Entente.

El conflicto había provocado tanta **destrucción y muerte** que lo bautizaron como la **GRAN GUERRA**. Los supervivientes, horrorizados, se convencieron de que había sido «la guerra para terminar con todas las guerras» y nunca volvería a suceder nada igual.

SPOILER: SÍ PASÓ.

DISCULPE, VENGO DEL FUTURO, ¿HA TERMINADO YA LA PRIMERA GUERRA MUNDIAL?

SÍ, LA VERDAD ES QUE... ESPERE, ¿HA DICHO PRIMERA? ¿ES QUE VA A HABER UNA SEGUNDA?

En 1939 empezó un nuevo conflicto, que parecía ser una réplica **aún más letal** del anterior, por lo que lo llamaron la **SEGUNDA GUERRA MUNDIAL**. Y, así, la Gran Guerra se convirtió, a partir de entonces, en la **PRIMERA GUERRA MUNDIAL**.

PERO NO NOS ADELANTEMOS, PRIMERO ¡VEAMOS CÓMO EMPEZÓ TODO!

Un castigo peligroso

A pesar de las **ANSIAS DE PAZ** de Europa, el camino a la Segunda Guerra Mundial empezó a sembrarse **en el mismo momento** en que acabó la Primera Guerra Mundial. Ajá, como lo lees.

En 1919 se firmó el **TRATADO DE VERSALLES**, que establecía las condiciones de la paz y, entre otras cosas, obligaba a Alemania y los demás países derrotados a **asumir la responsabilidad** de haber provocado la guerra, forzándolos a disolver sus **EJÉRCITOS** y ceder **TERRITORIOS** a los vencedores, además de **PAGARLES** grandes compensaciones económicas.

EN TEORÍA, LA IDEA ERA LIMITAR LA CAPACIDAD DE ALEMANIA Y SUS COMPINCHES PARA EMPEZAR OTRA GUERRA... PERO A LA VEZ ERA UN CASTIGO, Y LOS CONDENABA A LA MISERIA.

Al fin y al cabo, Alemania o, mejor dicho, sus habitantes, también **HABÍAN SUFRIDO** la guerra. Ahora, tras perder a **más de dos millones de personas** en batalla, tenían que ceder territorios y pagar a los vencedores. ¿No parecía un poco **INJUSTO**? No es de extrañar que la mayoría de los alemanes se sintieran **humillados**.

¡ABAJO EL KÁISER!

Además, el país no estaba en su momento más estable. Pocos días antes de que se firmara la paz, se había producido la **REVOLUCIÓN DE NOVIEMBRE**, debida al descontento causado por la Gran Guerra. La Revolución acabó con la abdicación del káiser Guillermo II y convirtió al Imperio alemán en **REPÚBLICA**. Pero, claro, esto no gustó a todo el mundo, y en los años siguientes hubo muchos vaivenes, ¡incluyendo **golpes de Estado militares**!

Esta **INESTABILIDAD POLÍTICA**, unida a la **CRISIS ECONÓMICA** de la posguerra, hizo que, a lo largo de la década de 1920, se extendiera por Alemania una sensación de **malestar**. Y, como respuesta a este malestar, surgió un nuevo movimiento político. Un movimiento **muy peligroso**.

¿Y QUIÉN ERA EL CABECILLA DE ESE MOVIMIENTO?

AJÁ, UN TIPO CON BIGOTILLO QUE SEGURO QUE TE SUENA: ADOLF HITLER.

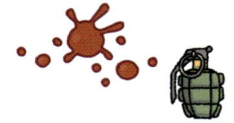 # Hitler y el nazismo

Adolf Hitler era uno de esos alemanes que se había sentido **profundamente humillado** por el Tratado de Versalles. Él mismo había combatido en la Primera Guerra Mundial, donde fue condecorado, pero **NUNCA ENTENDIÓ** la rendición de Alemania... y, en vez de aceptarla, se convenció, como otros militares veteranos, de que su derrota se debía a una **conspiración** entre extranjeros, comunistas y judíos. En su cabeza, ellos eran los **culpables** de todo lo malo que le había ocurrido a Alemania.

A ESO EN EL PARCHÍS SE LE LLAMA SER UN MAL PERDEDOR...

¿COMUNISMO? ¿QUÉ ES ESO? PARA SABERLO, SALTA A LA PÁGINA 24.

Con esa teoría en mente, Hitler se unió a un **movimiento ultranacionalista** que en 1920 se convertiría en el Nationalsozialistische Deutsche Arbeiterpartei (**NSDAP**) o, traducido, el Partido Nacionalsocialista Obrero Alemán; en corto, el partido **nazi**. Y, un año después, se convirtió en su **LÍDER**.

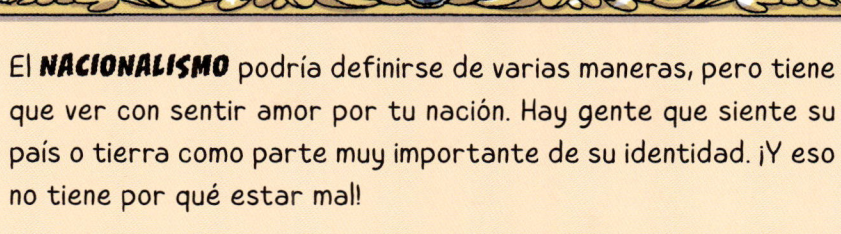

El **NACIONALISMO** podría definirse de varias maneras, pero tiene que ver con sentir amor por tu nación. Hay gente que siente su país o tierra como parte muy importante de su identidad. ¡Y eso no tiene por qué estar mal!

NO OBSTANTE, HAY UN TRECHO ENTRE SENTIR CARIÑO POR TU HOGAR Y CREER QUE TU PAÍS ES SUPERIOR A LOS DEMÁS. Y LOS ULTRANACIONALISTAS... TIENDEN A ESTO ÚLTIMO.

Con su fervor ultranacionalista, Hitler echaba de menos la gloria que, según él, había tenido Alemania en el **PRIMER Y SEGUNDO REICH**, es decir, en las épocas en que Alemania fue un imperio (el último, como sabes, acabó justo después de la derrota en la Gran Guerra). La república era un signo más de la **decadencia** de la nación. Así que, en 1923, ni corto ni perezoso... Hitler trató de dar un **golpe de Estado** para imponer su gobierno.

EL GOLPE FRACASÓ Y HITLER FUE ENCARCELADO, PERO SI CREÍAS QUE ESE FUE EL FIN DE ADOLF HITLER, TE EQUIVOCAS. ¡YA VERÁS!

I REICH: SACRO IMPERIO ROMANO GERMÁNICO.

II REICH: IMPERIO ALEMÁN.

III REICH: ¡EL MÍO!

Mein Kampf: cómo ser un buen nazi

Durante su estancia en prisión, Hitler no perdió el tiempo: fue en esos meses cuando escribió su famoso libro *MEIN KAMPF*, «Mi lucha» en castellano.

En él denunciaba que el mundo estaba *EN PELIGRO*: según él, existía una conspiración judía internacional, que, con la ayuda del comunismo, quería *dominar el mundo*. Para evitarlo, los judíos debían ser *ELIMINADOS* de la vida política.

Al mismo tiempo, Hitler defendía que la *RAZA ARIA* (es decir, los blancos germánicos del norte de Europa) era la raza superior y tenía derecho a imponerse sobre las demás.

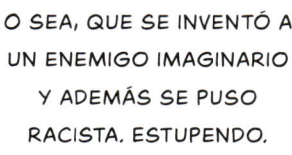

O SEA, QUE SE INVENTÓ A UN ENEMIGO IMAGINARIO Y ADEMÁS SE PUSO RACISTA, ESTUPENDO.

Cuando salió de prisión, Hitler continuó con su actividad política, extendiendo sus peligrosas ideas a través de la **propaganda**, la **mentira** y la **manipulación**. Y entonces, ¡plaf! Encontró un gran aliado en el crack del 29.

> Se llama **«CRACK DEL 29»** a la caída que sufrió la bolsa de valores de Estados Unidos en 1929. Fue uno de los **mayores desastres económicos** del siglo XX.

¿LO ENTIENDES? TRANQUI, YO TAMPOCO. LA ECONOMÍA ES UN ROLLO, PERO TE BASTARÁ CON SABER QUE EL CRACK GENERÓ UNA CRISIS ECONÓMICA MUNDIAL, A LA QUE SE LLAMÓ «LA GRAN DEPRESIÓN», Y, CLARO, ESTO TAMBIÉN AFECTÓ A ALEMANIA.

¿En resumen? Pues que la población alemana estaba muy empobrecida y, por tanto, **DESCONTENTA**. Y ahora Hitler llegaba como un **HÉROE**, prometiendo devolver a Alemania la prosperidad económica y la dignidad nacional que había perdido tras la guerra. ¡Parecía la solución!

Así, las ideas de Hitler calaron en la sociedad y, en 1933, el partido nazi **GANÓ LAS ELECCIONES**. Hitler había subido al **poder**... y lo peor estaba por llegar.

¡Aquí mando yo!

Los nazis gobernaron **de manera férrea** desde el principio: hacían y deshacían a su antojo. Pero ¿no se supone que en una república democrática se votan las cosas? Pues sí, pero los nazis habían conseguido **LA MAYORÍA** en las elecciones, y esto les permitió crear leyes que concentraban todo el **poder** en Hitler.

ES DECIR, QUE SUBIERON AL PODER GRACIAS A LA REPÚBLICA... Y LUEGO SE LA CARGARON DESDE DENTRO.

Así, establecieron un **RÉGIMEN TOTALITARIO**: un modelo de gobierno en el que el Estado controla totalmente la sociedad. Todos los alemanes debían pensar y actuar como los nazis, y **NADIE** podía oponerse, ya que corrían el riesgo de que los detuvieran... o algo peor. Y es que así funcionan los totalitarismos: si hay resistencia, la reprimen con **violencia**.

DE HECHO, ES PROBABLE QUE GRAN PARTE DE LA POBLACIÓN NO SE ATREVIERA A REBELARSE POR MIEDO.

PERO EL DE HITLER NO ERA EL ÚNICO GOBIERNO TOTALITARIO.

Italia

Benito Mussolini fue el **PRIMER LÍDER TOTALITARIO** que se hizo con el poder, en 1922. A pesar de que Italia estuvo en el bando ganador de la Primera Guerra Mundial, muchos italianos creían que las ganancias territoriales y económicas no habían sido suficientes, y este **descontento general** llevó al **PARTIDO NACIONAL FASCISTA** de Mussolini a conseguir cada vez más popularidad. ¿Que cuáles eran sus ideas? El odio al comunismo, y el sueño de recuperar la grandeza de Italia, la que tenía en el antiguo **IMPERIO ROMANO**. Te suena, ¿a que sí?

Para ello, Mussolini empezaría a invadir otros territorios, Etiopía en 1935 y Albania en 1939, con el objetivo de dominar todo el Mediterráneo.

Japón

El gobierno nacionalista japonés también era totalitario, pero sus líderes, como **HIDEKI TOJO**, nunca tuvieron tanto poder como Hitler y Mussolini. Esto se debe a que Japón era una **MONARQUÍA IMPERIAL**, donde el poder supremo lo ostentaba el **EMPERADOR HIROHITO**, una figura sagrada. ¡Lo veneraban casi como a un dios!

No obstante, al Imperio japonés también le dio por expandirse: de hecho, ya habían **invadido** una provincia china, Manchuria, en 1931, creando el estado de **MANCHUKUO**, un estado títere que en realidad obedecía los mandatos de Tokio. ¡No tenían un pelo de tontos! Y más tarde, en 1937, Japón invadiría el resto de China, dando comienzo a la **GUERRA CHINO-JAPONESA**. ¿Su objetivo? Dominar toda Asia.

ESTA GUERRA TAMBIÉN FORMARÍA PARTE DE LA SEGUNDA GUERRA MUNDIAL... ¡PERO NO NOS ADELANTEMOS!

Stalin y la URSS

La Unión Soviética, también conocida como la URSS, estaba formada por un grupo de repúblicas que habían surgido tras la **REVOLUCIÓN DE 1917**. La Revolución, encabezada por el famoso Lenin, había desmantelado el antiguo Imperio ruso, y ahora la URSS aspiraba a establecer una **SOCIEDAD COMUNISTA**, un proceso muy largo en un mundo que no era comunista.

Pero ¿qué es el comunismo? El **COMUNISMO**, en teoría, es un sistema político en el que no hay mercado ni clases sociales. Las fábricas y empresas no son propiedad de personas concretas, sino que pertenecen a los trabajadores; de esa manera, no hay **jefes**, y el poder es de los **OBREROS**. Es decir, del pueblo.

AHORA ENTIENDES UN POCO MEJOR POR QUÉ A HITLER Y MUSSOLINI NO LES GUSTABA NADA, ¿VERDAD?

PERO NO ERAN LOS ÚNICOS. EN GENERAL, A NINGÚN PAÍS GOBERNADO POR LAS CLASES ALTAS, YA FUERAN MONARQUÍAS O REPÚBLICAS, LE INTERESABA QUE SE EXTENDIERAN LAS IDEAS COMUNISTAS.

Por eso, la URSS desde sus inicios tuvo a todo su entorno **en su contra**. Esto complicó mucho sus primeros años, que ya estaban siendo difíciles por la miseria provocada por la Gran Guerra, y, cuando Lenin murió prematuramente, apareció un hombre que **aprovechó** la crisis para tomar su relevo y cambiar el rumbo de todo el país: **IOSIF STALIN**.

Con la excusa de mantener el proyecto comunista y defenderse de las amenazas exteriores, el gobierno de Stalin creó un clima de **PARANOIA**, y se dedicó a realizar **purgas**, es decir, perseguir (y reprimir) a cualquier persona que estuviera incluso ligeramente en su contra, acusándola de conspirar contra el Estado. Así, el «Tío Iosif» acumuló **UN GRAN PODER** y se convirtió en el **jefe totalitario** de una de las naciones más grandes y poderosas de su momento.

O SEA QUE LO DEL PODER PARA EL PUEBLO LO DEJAMOS YA PARA OTRO DÍA...

Al borde de la guerra

Los nazis se pusieron manos a la obra en cuanto subieron al poder. Su objetivo final era fundar el **TERCER REICH**, ¡sorpresa!, y para ello se lanzaron a **anexionar** territorios: no solo los que habían perdido tras la guerra, sino otros donde también se hablaba alemán: Renania, el Sarre, toda Austria...

PERO... ¿ESO NO ERA LO QUE, SEGÚN EL TRATADO DE VERSALLES, NO PODÍAN HACER?

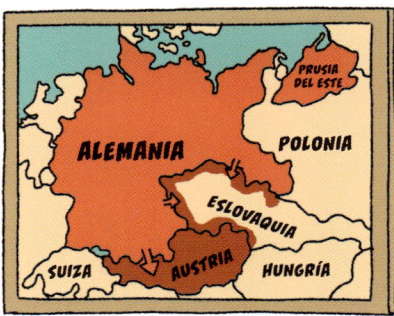

Sin embargo, los gobiernos británico y francés (los vencedores de la Gran Guerra) tenían miedo de que poner pegas a aquellos avances provocara **un nuevo conflicto**; así que trataron de aceptarlos para **APACIGUAR** a Alemania.

No obstante, Hitler era **insaciable**. Y también astuto, por lo que se buscó **ALIADOS**. Por ejemplo, Japón o Italia; de hecho, tenía mucho en común con Mussolini, así que en 1936 firmaron un pacto de amistad y formaron el **EJE ROMA-BERLÍN**.

ESTE EJE SE CONVERTIRÍA EN UNO DE LOS DOS BANDOS DE LA SEGUNDA GUERRA MUNDIAL.

Y entonces llegó el año clave: **1939**. Alemania concentró sus tropas en la frontera polaca, **exigiendo** la entrega de la ciudad libre de Danzig y Polonia.

Mientras tanto, se puso a negociar el **PACTO DE ACERO** con Italia y Japón. Esta vez les pedía algo más: una alianza **militar**. Y esto no era moco de pavo en un escenario tan tenso. ¡La guerra podía **estallar** en cualquier momento! Finalmente solo Italia firmó el Pacto de Acero con Alemania, aunque ni Italia ni Japón estaban en condiciones de ponerse a batallar.

No obstante, Alemania no lo necesitaba: desde 1933 había diseñado y fabricado nuevos tanques, barcos y aviones... Y guardaba **un as en la manga**: ese mismo verano, ¡firmó un **PACTO DE NO AGRESIÓN** con la Unión Soviética!

Puede que te sorprendas, por lo del anticomunismo y tal, peeeero a Hitler le venía muy bien el apoyo de la URSS. Además, el **PACTO MOLOTOV-RIBBENTROP** tenía unas cláusulas secretas en las que la URSS y Alemania acordaban **repartirse** los territorios conquistados entre ellos. ¡Ajá!

Y así, en la madrugada del **1 DE SEPTIEMBRE DE 1939**, el barco alemán *Schleswig-Holstein* comenzó a disparar sus cañones contra la costa polaca: **la Segunda Guerra Mundial había comenzado.**

1939

 # La invasión de Polonia

El 1 de septiembre de 1939, Alemania invadió Polonia. Hitler organizó una operación de **FALSA BANDERA**: es decir, fingió que había sido el ejército polaco el que había atacado a Alemania en primer lugar. Pero **¡NADIE SE LO CREYÓ!**

¡QUE NO HE SIDO YO!

NO TE LO CREES NI TÚ.

FRANCIA y el **IMPERIO BRITÁNICO** (incluyendo sus colonias y dominios exteriores, como Argelia, Australia, Canadá, India o Sudáfrica) declararon la guerra a Alemania inmediatamente. Este bando, que más tarde recibiría a más integrantes (entre ellos, Estados Unidos), sería conocido como el bloque de los **ALIADOS**.

¡POR LA LIBERTAD!

¡NOSOTROS SOMOS LOS BUENOS!

BUENO, TAMPOCO OS VENGÁIS ARRIBA, QUE A VOSOTROS TAMBIÉN OS ENCANTA CONQUISTAR Y ACUMULAR PODER.

De todas formas, a los Aliados les costó espabilar, porque no invadieron territorio alemán. Por tanto, la **WEHRMACHT**, el ejército nazi, se puso las botas atacando Polonia por el norte, el oeste y el sur.

Las pobres fuerzas polacas tenían demasiados kilómetros de frontera que **defender**…, aunque hubo momentos en que se lo pusieron muy difícil a los nazis, como en la **BATALLA DE WIZNA**, donde los alemanes, que eran muchos más que los polacos, tuvieron ¡casi el **doble** de bajas!

¡CAPITÁN, NOS ATACAN 42000 ALEMANES!

NOS SUPERAN 40 A 1, SERÁ UN COMBATE IGUALADO.

Entonces, a mediados de septiembre, llegó el **ataque soviético** por la espalda. Cumpliendo las cláusulas secretas de su pacto con Alemania, el ejército ruso, llamado **EJÉRCITO ROJO**, invadió el este de Polonia. El ejército polaco se vio incapaz de luchar en dos frentes y tuvo que **rendirse**.

En los meses siguientes los soviéticos también atacaron **FINLANDIA** (iniciando la Guerra de Invierno), **RUMANÍA** y los **ESTADOS BÁLTICOS** (Estonia, Letonia y Lituania); es decir, la zona que se habían adjudicado en sus tejemanejes con Alemania. En menos de un año **se apoderaron** de grandes territorios del noreste de Europa.

La caída de Francia

Tras la victoria sobre Polonia, Alemania se hizo con un par de países más (Dinamarca y Noruega) y pasó a invadir **EUROPA OCCIDENTAL**. Tras ocupar territorios más pequeños como Países Bajos y Bélgica, llegó el turno de **FRANCIA**.

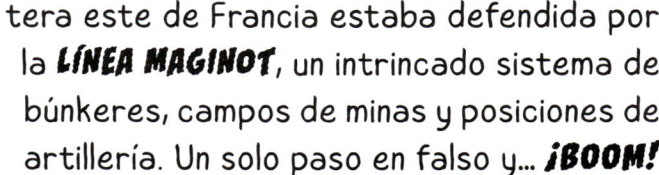

Sin embargo, había un gran obstáculo: la frontera este de Francia estaba defendida por la **LÍNEA MAGINOT**, un intrincado sistema de búnkeres, campos de minas y posiciones de artillería. Un solo paso en falso y... **¡BOOM!**

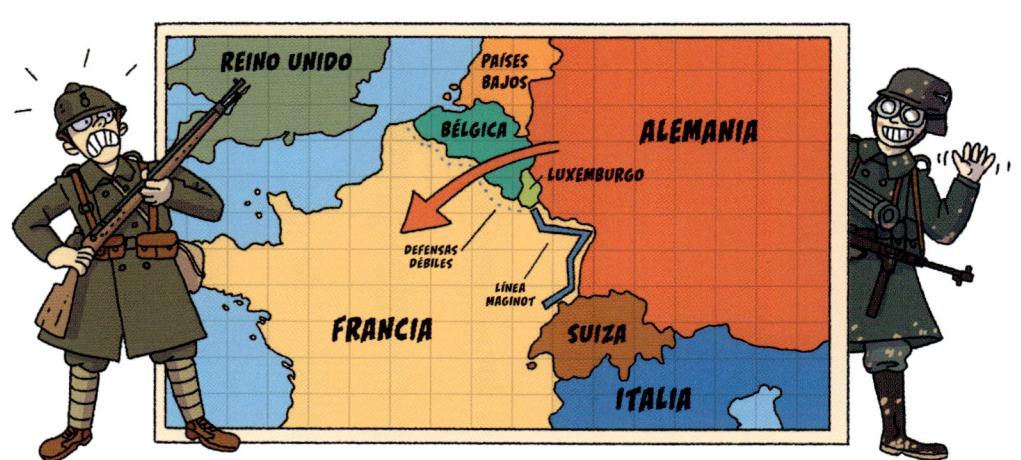

Por tanto, el ataque alemán debía venir por el norte. Y entonces se les ocurrió la gran idea: un asalto a través de las **ARDENAS**, una región boscosa y montañosa de Bélgica. Así la Wehrmacht podría avanzar hasta la costa y dejar a las fuerzas aliadas atrapadas en Bélgica. ¡Parecía perfecto!

Y lo fue. En pocos días, los **PANZERS**, los tanques alemanes, llegaron al Canal de la Mancha, ¡a tal velocidad que incluso dejaron a la infantería atrás!

Para esta operación, el ejército alemán utilizó la táctica **BLITZKRIEG**: la guerra relámpago. Consiste en atacar combinando el uso de tanques, artillería, aviación e incluso paracaidistas, para dar un **golpe contundente y rápido** que asegure la victoria. ¡Y vaya si les salió bien!

Los soldados aliados que se quedaron **atrapados** en Bélgica tuvieron que ser rescatados por barcos británicos en la operación Dinamo, que seguro que te suena por su otro nombre: la **EVACUACIÓN DE DUNKERQUE**. Aunque la derrota era evidente, muchos vivirían para luchar otro día.

Poco después, a mediados de junio, París cayó y **Francia se rindió**. Para entonces, gran parte de Europa estaba en manos de Alemania y, para colmo, ese mismo mes Italia entró en la guerra como su aliado. Los nazis parecían **IMPARABLES**.

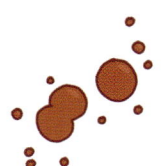

PERO REINO UNIDO NO ESTABA DISPUESTO A CEDER.

LUCHAREMOS EN LAS PLAYAS, LUCHAREMOS EN LAS PISTAS DE ATERRIZAJE, LUCHAREMOS EN LOS CAMPOS Y EN LAS CALLES, LUCHAREMOS EN LAS COLINAS, ¡NUNCA NOS RENDIREMOS!

Reino Unido resiste

La cosa pintaba mal para los británicos. Pero **WINSTON CHURCHILL**, el primer ministro, insistió en la necesidad de seguir combatiendo ¡y sus discursos se hicieron famosos! Sobre todo a partir de julio de 1940, ya que Alemania lanzaría una **gran operación aérea** sobre las islas británicas: día tras día durante casi cuatro meses, la población sufrió **terribles bombardeos**. Pero los pilotos aliados plantaron cara y expulsaron a los aviones alemanes en una gran lucha aérea, conocida como **BATALLA DE INGLATERRA**. ¡Fue la primera gran derrota de los nazis!

PARA SABER MÁS SOBRE LA BATALLA DE INGLATERRA, ¡VUELA A LA PÁGINA 94!

 # Luchando por Egipto

Mientras Hitler se apoderaba de Europa, **MUSSOLINI** se frotaba las manos. Italia no tenía tanta fuerza militar como la Alemania nazi, pero, gracias a su Pacto de Acero, ¡eran sus **ALIADOS** principales! Y eso le sería de gran ayuda para cumplir su proyecto: **reconquistar** los territorios del Imperio romano y hacerse con el Mediterráneo.

Así, en junio de 1940, coincidiendo con la caída de Francia, Italia **ENTRÓ** en la Segunda Guerra Mundial. Y, ese mismo otoño, las tropas de Mussolini **invadieron** Egipto desde Libia, que entonces era una colonia italiana. Fácil, ¿no?

Pues no. Y es que Egipto no era **UN PAÍS CUALQUIERA**: era clave para Reino Unido, ya que allí se encontraba el **CANAL DE SUEZ**, una vía importantísima por la que recibían mercancías de oriente. ¡No podían permitirse perderlo!

¡¡NO QUEDA TÉ!!

Así que los británicos **mandaron tropas** a Egipto y… básicamente, barrieron a los italianos. Y no solo de las zonas que habían invadido, sino que incluso **LES ARREBATARON** Libia.

¡JA! ¡POR AVARICIOSO!

Esto no gustó mucho a Hitler: no podía tener a los británicos paseándose por el norte de África, sobre todo después de **su derrota** en la Batalla de Inglaterra… ¡Solo faltaba que saltaran desde allí al sur de Europa y le abrieran un **FRENTE NUEVO**!

Así que, en febrero de 1941, los alemanes enviaron al **AFRIKA KORPS** para socorrer a los italianos. Bajo el mando del implacable general **ERWIN ROMMEL**, que sería apodado «el zorro del desierto», las fuerzas alemanas hicieron frente a los británicos e incluso llegaron a **invadir** Egipto de nuevo.

1941

 # La Operación Barbarroja

A pesar de su pacto con la URSS, el objetivo de Hitler siempre había sido **EXPANDIRSE HACIA EL ESTE**. Además, los alemanes creían que el Ejército Rojo se encontraba en un estado lamentable..., así que se les ocurrió la bonita idea de **Traicionar** a la URSS.

Llamaron al ataque **OPERACIÓN BARBARROJA** y, aunque se fue retrasando, decidieron llevarla a cabo en junio de 1941. Total, contaban con derrotar a la URSS en pocos meses, antes de la llegada del **Temible invierno ruso**.

Stalin, por su parte, **SE CONFIÓ** demasiado. A pesar de los avisos de sus espías, creyó que Hitler no violaría su pacto..., de manera que, cuando **3 MILLONES DE SOLDADOS Y 3000 TANQUES** entraron en su territorio por distintos puntos de la frontera, los soviéticos no tuvieron tiempo de reaccionar.

Las fuerzas alemanas se dividieron y avanzaron en dirección a **LENINGRADO** (la actual San Petersburgo), **MOSCÚ** (capital de Rusia) y **KIEV** (capital de Ucrania). Con ellas, llegaron numerosas **fuerzas auxiliares** del Eje: rumanos, húngaros, italianos... Y, para colmo, los finlandeses aprovecharon para **vengarse** de la invasión soviética del año anterior y atacaron el norte de Rusia.

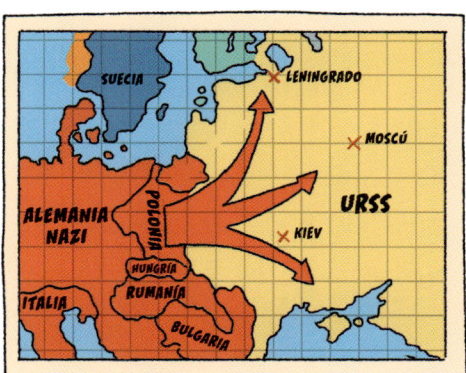

HUBO GRANDES ENFRENTAMIENTOS, COMO EL DE LUTSK-BRODY-ROVNO, ¡LA MAYOR BATALLA DE TANQUES DE LA HISTORIA!

Pero los cálculos de Hitler fueron... **un desastre**. No tuvo en cuenta las vastas distancias de Rusia, la mala calidad de sus vías de comunicación y, sobre todo, la resistencia de los soldados rusos.

Tras la sorpresa inicial, las tropas soviéticas comenzaron a defenderse **CON AHÍNCO**. Para cuando la Wehrmacht consiguió llegar a las afueras de Moscú, ya era noviembre de 1941 y le esperaba **un nuevo enemigo**: el gélido invierno ruso. El asalto a Moscú **fracasó** y, a partir de diciembre, los soviéticos hicieron **RETROCEDER** a los nazis.

La URSS había sobrevivido... y ahora estaba con los **ALIADOS**. Alemania se había granjeado a un **enemigo** muy peligroso.

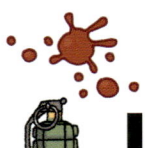

Un invasor de última hora

Es posible que te preguntes: ¿y qué pasa con el resto del mundo? Porque sí, se estaba **liando una buena** en Europa y el norte de África, pero ¿acaso esta guerra no era **MUNDIAL**?

¡Ajá! Como recordarás, el **JAPÓN IMPERIAL** estaba entre los aliados iniciales de Hitler. No obstante, el país estaba concentrado en su **guerra contra China** desde 1937. ¿Su objetivo? Apropiarse de toda Asia, claro.

Lo que pasa es que a otros países no les hacía gracia que Japón estuviera conquistando tanto territorio. Entre ellos, **ESTADOS UNIDOS**, que casualmente también era una fuente importante de petróleo y otras materias primas para Japón. Así que ¿qué hicieron? Pues empezar a **cortarles el grifo**.

Pero Japón no se achantó, porque cada día llegaban noticias **MUY INTERESANTES** desde Europa. A sus antiguos amiguitos, Hitler y Mussolini, parecía irles muy bien.

Así que, en septiembre de 1940, Japón firmó con Alemania e Italia el **PACTO TRIPARTITO**: ahora el Imperio estaba oficialmente en el bloque del Eje.

Con ese apoyo asegurado, Japón siguió con sus **conquistas**, ocupando incluso la Indochina francesa. Y entonces EE. UU. dio **UN GOLPE SOBRE LA MESA**: o paraban de invadir, o les cortarían el grifo del todo. Eso podía ser un desastre para la economía japonesa.

JAPÓN TENÍA DOS OPCIONES: ABANDONAR SUS CONQUISTAS... O ENFRENTARSE A EE. UU. ¿A QUE NO ADIVINAS QUÉ ELIGIÓ?

Pearl Harbor: un ataque sorpresa letal

El 7 de diciembre de 1941, cientos de aviones japoneses atacaron **PEARL HARBOR**, la base que la marina estadounidense, la US Navy, tenía en Hawái. Allí estaban anclados sus principales **PORTAAVIONES Y BARCOS ACORAZADOS**: un objetivo muy tentador para Japón, que quería causar el mayor daño posible. En solo unas horas, los aviones japoneses **acabaron con la vida** de miles de personas, además de **hundir** cuatro acorazados y dañar severamente otros cuatro.

Al día siguiente, EE. UU. **LE DECLARÓ LA GUERRA** a Japón y se unió al bloque de los Aliados. En los próximos meses, no solo lucharía contra Japón por el control del **OCÉANO PACÍFICO**, sino que enviaría soldados al norte de África y a Europa para combatir a los alemanes. EE. UU. había entrado **DE LLENO** en la Segunda Guerra Mundial.

1942: el año decisivo

Para cuando llegó el año 1942, gran parte del globo aguantaba el aliento. **DECENAS DE PAÍSES** se habían unido a la guerra y las armas eran cada vez **más letales**. Ambos bandos bombardeaban ciudades y miles de personas morían cada día. ¿Hasta dónde íbamos a llegar?

EJE

ALIADOS

EN EL BANDO ALIADO HABÍA ADEMÁS MUCHOS PAÍSES QUE AYUDABAN DE OTRAS FORMAS, Y NO SOLO CON TROPAS.

No obstante, 1942 fue el año decisivo: durante aquellos meses se libraron las **GRANDES BATALLAS** que comenzarían a inclinar la balanza hacia el fin de la guerra.

Junio de 1942: Midway, EE. UU.

Tras seis meses de batallas, a Japón solo le faltaba un paso para **dominar** el océano: destruir la base aeronaval estadounidense situada en las islas **MIDWAY**, en pleno centro del Pacífico. Para ello, los almirantes japoneses idearon una **trampa**: alejarían a los portaaviones de EE. UU. con un cebo y, cuando la base se quedara sin defensas, la destruirían. No obstante, la inteligencia estadounidense **DESENCRIPTÓ** sus mensajes de radio y ¡descubrió su plan! Así que la US Navy emboscó a la flota japonesa y sus aviones hundieron cuatro portaaviones de la Armada Imperial Japonesa, dejándola **muy debilitada**. A partir de entonces, EE. UU. no tuvo problemas para volver a adueñarse del Pacífico.

Julio-noviembre de 1942: El Alamein, Egipto

En verano de 1942, Egipto volvía a estar en manos del Eje, gracias al **AFRIKA KORPS** que había ido a socorrer las tropas italianas. No obstante, los británicos lograron refuerzos y, bajo el liderazgo del famoso general **BERNARD MONTGOMERY**, detuvieron a las tropas del general Rommel en la ciudad egipcia de El Alamein. Después de dos importantes **batallas**, las fuerzas del Eje salieron huyendo. ¡Pero no sabían lo que les esperaba! En esos mismos días, británicos y estadounidenses **DESEMBARCARON** en Marruecos y Argelia, por lo que los arrinconaron en Túnez. Unos meses después, el Eje **perdería** por completo el norte de África, y los Aliados ya tendrían un lugar por donde **ENTRAR A EUROPA**.

Agosto de 1942-febrero de 1943: Stalingrado, Rusia

Tras el **fracaso** de la Operación Barbarroja en el invierno de 1941-1942, Hitler decidió volver a **ATACAR** la URSS. Esta vez se dirigió al **CÁUCASO** para tomar sus campos petrolíferos, y pilló por sorpresa a los soviéticos, que pensaban que atacaría Moscú.

AL EJÉRCITO RUSO SIEMPRE LE PASA IGUAL: ¡HITLER LO PILLA SIEMPRE POR SORPRESA!

No obstante, en agosto, el Ejército Rojo y la Wehrmacht se enzarzaron en un **agotador combate urbano** en la ciudad de **STALINGRADO** (la actual Volgogrado). La batalla se alargó durante meses, en una eterna lucha **CASA POR CASA**. Entonces, el Ejército Rojo consiguió **CERCAR** a las fuerzas del Eje, alejándolos más y más de las líneas alemanas y, finalmente, los nazis se rindieron en febrero de 1943.

90.000 de ellos fueron hechos **prisioneros**, aunque cientos de miles más habían perecido en los meses anteriores, congelados o muertos de hambre. En total, entre civiles y soldados, en la batalla de Stalingrado murieron unos **2 millones** de personas.

 # Aliados al (contra)ataque

A partir de 1943, los ejércitos del Eje no tuvieron más remedio que **RETROCEDER**. Y, entonces, el **gran temor** de Hitler se hizo realidad: los Aliados abrieron un **NUEVO FRENTE EN EUROPA**. En cuanto terminaron de expulsar al Eje de África, los británicos y los estadounidenses saltaron desde Túnez a Sicilia y desde allí a Italia.

¡HOLI!

ROMA

A lo largo de los meses siguientes, las fuerzas aliadas avanzaron hacia el **NORTE** de la bota italiana. Las fuerzas del Eje opusieron una tenaz resistencia, pero ¡de puertas para adentro reinaba el **CAOS**!

RESULTA QUE EL GOBIERNO FASCISTA DE ITALIA SE DESHIZO DE MUSSOLINI Y SE INTENTÓ RENDIR ANTE LOS ALIADOS, ¡IMAGÍNATE EL PERCAL!

PERO HITLER NO ESTABA DISPUESTO A PERDER ITALIA, ASÍ QUE LOS ALEMANES TOMARON ROMA Y LA ZONA NORTE, PONIENDO DE NUEVO A MUSSOLINI AL MANDO. ¡MENUDO MAREO!

De todas formas, los Aliados no tardarían en **LIBERAR ROMA** y, un poco más tarde, el norte del país. Italia había caído, y los nazis no tuvieron más remedio que **RETROCEDER** hasta Alemania.

¡PERO ESO NO FUE TODO! ¡MIRA, MIRA!

El Día D (junio de 1944)

Los Aliados lo tenían claro: había llegado la hora de tomar Francia, y lo harían **DESDE EL MAR**. Sin embargo, la costa estaba **fortificada** con búnkeres y todo tipo de barreras construidas por los alemanes. Por eso, había que planificarlo muy bien.

¿Y qué hay mejor que el puro engaño? Con la ayuda del **ESPÍA CATALÁN JOAN PUJOL**, alias «Garbo», los Aliados hicieron creer a los alemanes que iban a desembarcar en el Paso de Calais. ¡Incluso prepararon **UN EJÉRCITO DE MENTIRA** hecho con vehículos inflables! Todo ello con el fin de distraer a los nazis del verdadero objetivo: las playas de **NORMANDÍA**.

¡SOPLA, SOPLA!

Así, el 6 de junio de 1944 (día que pasaría a la historia como el **DÍA D**), los Aliados realizaron un **ataque aéreo y naval** masivo para destruir las defensas de la costa y, luego, las lanchas llegaron a las playas de Normandía. Hubo **muchísimas bajas** entre los soldados, que se encontraron con un muro de fuego de ametralladora y artillería; pero, a pesar de todo, el desembarco fue un **ÉXITO**, y en los meses siguientes los Aliados ayudaron a la resistencia francesa a expulsar a los nazis.

Operación Bagratión (junio-agosto 1944)

Mientras tanto, al otro extremo de Europa, la URSS había seguido **SU AVANCE**, liberando Kiev (Ucrania) y llegando a Bielorrusia. Entonces, aprovechando que la atención de Hitler estaba en Francia, el Ejército Rojo lanzó la **OPERACIÓN BAGRATIÓN**: un ataque masivo para destruir las fuerzas de la Wehrmacht que quedaban en Europa del Este. ¡Y fue un éxito! En pocas semanas, capturaron a **decenas de miles de soldados alemanes** y llegaron hasta Polonia, haciendo retroceder a las fuerzas del Eje. De hecho, hubo países que incluso **SE CAMBIARON DE BANDO**: Finlandia y Rumanía, por ejemplo, ¡empezaron a colaborar con los soviéticos! El Eje se acercaba a **su fin**.

 # El fin de la guerra en Europa

En la segunda mitad de 1944, todo pintaba **francamente mal** para los nazis. Mientras los británicos y estadounidenses recuperaban Bélgica y Países Bajos, la URSS continuaba liberando más países y ciudades. Pronto, los ejércitos aliados llegaron a las fronteras de Alemania. La derrota de Hitler ya era **INDUDABLE**. Pero ¿cómo lograrlo?

Tras probar a soltar un montón de **PARA-CAIDISTAS** sobre los ríos de los Países Bajos para entrar en Alemania desde el Rin (un plan que fue un **fracaso estrepitoso**), los Aliados optaron por la opción más sencilla: entrar en Alemania cruzando distintos puntos de la frontera. Lo que se dice... **A PIE**.

Pero los alemanes no estaban dispuestos a caer sin luchar. Así, en diciembre de 1944 tuvo lugar la **BATALLA DE LAS ARDENAS**: los tanques alemanes volvieron a sorprender a los Aliados a través de los árboles de Bélgica (sí, otra vez), y se cobraron **miles de víctimas**. ¡No les salió mal! No obstante, la falta de reservas y combustible, unida a la resistencia aliada, los hicieron **RETROCEDER** de nuevo hasta la frontera alemana.

Aquel fue **EL ÚLTIMO GRAN ATAQUE ALE-MÁN**. En los próximos meses, Hitler y los suyos no pudieron hacer otra cosa que ver cómo su sueño del Tercer Reich **se resquebrajaba**.

Uno a uno, los Gobiernos pronazis de Europa del Este fueron **cayendo** ante el Ejército Rojo y, en abril de 1945, los soviéticos cercaron Berlín. Así dio inicio la **BATALLA DE BERLÍN**, una brutal lucha calle a calle entre las ruinas de los bombardeos.

No había salida para los nazis; y Hitler debió de darse cuenta, porque el 30 de abril de 1945 **se quitó la vida**, al igual que su pareja y otras de sus personas de confianza.

La **RENDICIÓN** de Alemania se produjo pocos días después. La guerra en Europa había **TERMINADO**.

VALE, PERO ¿QUÉ HAY DEL RESTO DEL MUNDO?

45

Un final atómico

La guerra ya **HABÍA TERMINADO** en Europa y la amenaza de Hitler había desaparecido. Pero ¡aún había **cuentas pendientes** entre otros países!

> PERO ¿NO SE SUPONÍA QUE ESTA GUERRA IBA DE DEFENDER AL MUNDO DEL NAZISMO? YA VALE, ¿NO?

Como recordarás, aún había dos países un poco enfadados: **EE. UU. Y JAPÓN**. A lo largo de 1943 y 1944, Japón había ido perdiendo terreno, sufriendo **grandes derrotas** una y otra vez. Pero EE. UU. no se contentó con recuperar las islas que tenía antes de la guerra: quería más. Así que **invadió** territorio de Japón, como la isla de Iwo Jima o la de Okinawa.

No obstante, los japoneses resistían con verdadero **FANATISMO**; ahí estaban los **KAMIKAZES**, pilotos que no dudaban en estrellarse aposta contra los objetivos enemigos; sí, sí, **¡sacrificaban sus vidas!**

> ¡¿QUÉ?! ¡YO NO ME APUNTÉ PARA ESTO!

Esto, por supuesto, causaba **muchas bajas** a las tropas de EE. UU., y sus generales se dieron cuenta de que, si seguían así, atacar Japón les saldría **DEMASIADO CARO**. Tenían que encontrar otra manera de vencerlos. Pero ¿cómo?

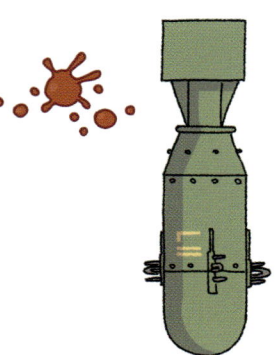

Esta vez, la respuesta estuvo en la **CIENCIA**. En años anteriores, un grupo de científicos liderados por el físico **ROBERT OPPENHEIMER** había estado desarrollando un arma de destrucción masiva: la **BOMBA NUCLEAR** o **BOMBA ATÓMICA**. Un arma terrible capaz de **destruirlo todo** en un área enorme.

ESO SÍ QUE DABA MIEDO... PERO LOS MILITARES DE EE. UU. ESTABAN EMPEÑADOS EN VENGARSE A TODA COSTA.

Después de un primer ensayo, las fuerzas aéreas estadounidenses arrojaron dos **bombas** llamadas Little Boy y Fatman sobre las ciudades de **HIROSHIMA** y **NAGASAKI**, los días 6 y 9 de agosto de 1945 respectivamente. Hubo 214.000 muertos. La destrucción fue **total**.

El día 15, el Imperio de Japón anunció su **RENDICIÓN**, y firmó dicha declaración el 2 de septiembre. Con un terrible final, ahora sí, **la Segunda Guerra Mundial había terminado**.

Grandes estrategas

Cuando una operación militar sale bien, se debe al trabajo (y sacrificio) de muchísimas personas: pero son tantas que es imposible llevar la cuenta. Ahora bien, cuando eres un alto mando, es un poquito más fácil que te **RECUERDEN**... y la verdad es que algunos fueron clave en la Segunda Guerra Mundial.

Erwin Rommel, Wehrmacht

Conocido como «zorro del desierto» por sus éxitos en África, fue un líder astuto y audaz. Se le daba fenomenal sorprender a sus enemigos por la retaguardia, y sus grandes victorias estuvieron protagonizadas por tanques como los Panzer III y IV, acompañados por aviones Stuka. Pero a veces tendía a ignorar las órdenes de sus superiores, y se pasaba de ambicioso, sin darse cuenta de que sus recursos no le bastaban para cumplir sus objetivos.

Gueorgui Zhúkov, Ejército Rojo

El general soviético más célebre de la Segunda Guerra Mundial. Orgulloso y metódico, fue el artífice de grandes victorias, como la Batalla de Stalingrado o la operación Bagratión. Sin embargo, algunos de sus camaradas lo acusaron de atribuirse méritos que no eran suyos. Además, si eras un soldado bajo su mando, cuidadito: a Zhúkov no le importaba sufrir miles de bajas entre sus filas para conseguir sus objetivos.

Bernard L. Montgomery, British Army

«Monty» para los amigos, fue el mariscal británico más importante de la guerra. Y es que consiguió una gran hazaña: terminar con la leyenda de Rommel en África. Inteligente y tenaz, era muy valorado por las tropas porque prestaba atención a los problemas de los soldados. No obstante, también le encantaba ser el protagonista, y a veces movía los hilos para imponer su criterio sobre otros generales, incluso cuando tenían mejores ideas que él.

LA IDEA DE SOLTAR PARACAIDISTAS SOBRE LOS RÍOS DE PAÍSES BAJOS FUE SUYA... Y AHÍ NO ESTUVO MUY FINO, LA VERDAD.

George S. Patton, United States Army

Este general fue el militar estadounidense más famoso durante y después de la guerra, célebre por su labor en el norte de África y en Europa. Inteligente y mordaz, tenía una gran capacidad para infundir energía a sus soldados. Sus unidades eran

maestras en avanzar rápidamente y rodear al enemigo. Sin embargo, era un tipo algo raro: ¡creía que él era la reencarnación de otros grandes generales de la antigüedad!

Capítulo II

En el frente

Alístate... ¡o te alistamos!

¡Bienvenido al ejército! Tu país está **EN DEUDA** contigo... O al menos eso te dirán en cuanto te unas a sus filas.

Ahora bien, no todo el mundo llegaba al ejército de la misma manera. Algunos se alistaban **VOLUNTARIAMENTE**, movidos por el deseo de servir a su patria o la necesidad de trabajar. Pero, en algunos países, cientos de jóvenes fueron elegidos por sorteo para ir a la guerra... ¡Vamos, que los **obligaron**!

SEA COMO FUERE, MILLONES DE PERSONAS SALIERON A JUGARSE LA VIDA, ¡HOMBRES Y MUJERES!

Sí, las mujeres seguían siendo **ciudadanas de segunda**; pero, en la Segunda Guerra Mundial, muchos países se abrieron a que las mujeres **PUDIERAN ALISTARSE**. De hecho, algunos de ellos también impusieron el reclutamiento obligatorio a las mujeres. ¡Toda ayuda es poca!

El ejército que empleó a más mujeres fue el de la **URSS**, y quedó claro que eran tan capaces de combatir como los hombres. Ahí están, por ejemplo, las **FRANCOTIRADORAS** que lucharon durante la invasión alemana; entre ellas, Lyudmila Pavlichenko, conocida por su terrorífica puntería.

Por no hablar del **588.º ESCUADRÓN DE BOMBAR-DEO NOCTURNO**, un regimiento aéreo compuesto por mujeres. Pilotaban sus naves con tal habilidad que los soldados alemanes, temerosos, las llamaban **«las brujas de la noche»**.

De todas formas, esto era una excepción. Generalmente no se consideraba que el combate fuera una **ACTIVIDAD ADECUADA** para una mujer, así que solían destinarlas a otras tareas (no menos importantes) dentro del ejército.

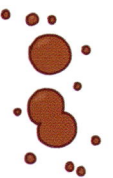

Y ES QUE HABÍA UN MONTÓN DE SECCIONES. ¡ECHA UN VISTAZO!

SANIDAD MILITAR: ¡Salva la vida de tus compañeros en los hospitales de campaña!

COMUNICACIONES: Una buena coordinación es vital para la victoria. ¡El teléfono escacharrado puede llevar a la muerte!

INTELIGENCIA: ¿Qué tal se te da descifrar códigos? ¡Puede que así localices al enemigo!

CUERPOS AUXILIARES: Desde bomberos hasta unidades antiaéreas, los cuerpos auxiliares eran fundamentales. Uno de los más famosos fue la WAAF, la Fuerza Aérea Auxiliar Femenina de Reino Unido: ¡toda una flota de mujeres reparando o pilotando aviones para transportar materiales y heridos!

¿QUÉ, NO TE CONVENCE? PUES VENGA: ¡PASA LA PÁGINA PARA CONVERTIRTE EN SOLDADO!

¡A entrenar!

¡Hola, soldado! Si estás aquí, es que has decidido **arriesgar tu vida** en la guerra... Así que ¡buena suerte!

> MIRA, YO ENTIENDO QUE ALGUNOS ESTÉN OBLIGADOS AQUÍ, PERO QUE HAYAS VENIDO VOLUNTARIAMENTE A JUGARTE EL PELLEJO... EN FIN, TÚ VERÁS.

Seguro que tienes ganas de entrar en acción, pero, espera, ¡no vas a ir a la guerra todavía! Aún hay que **PREPARARTE** para convertirte en un combatiente hecho y derecho. Durante unas semanas, realizarás la **INSTRUCCIÓN BÁSICA**: mejorarás tu forma física y aprenderás a cavar trincheras, saltar obstáculos, obedecer las órdenes de tus superiores, mantener tu equipo, manejar tu arma y, muy importante, desfilar.

> ¿PERO PARA QUÉ SIRVE ESO?

> ¡PARA CELEBRAR LA VICTORIA CON ESTILO, CLARO!

> IZQUIERDA, DERECHA, IZQUIERDA, DERECHA...

Las especialidades

Después de la instrucción básica, aprenderás **HABILIDADES** distintas dependiendo de lo que vayas a hacer.

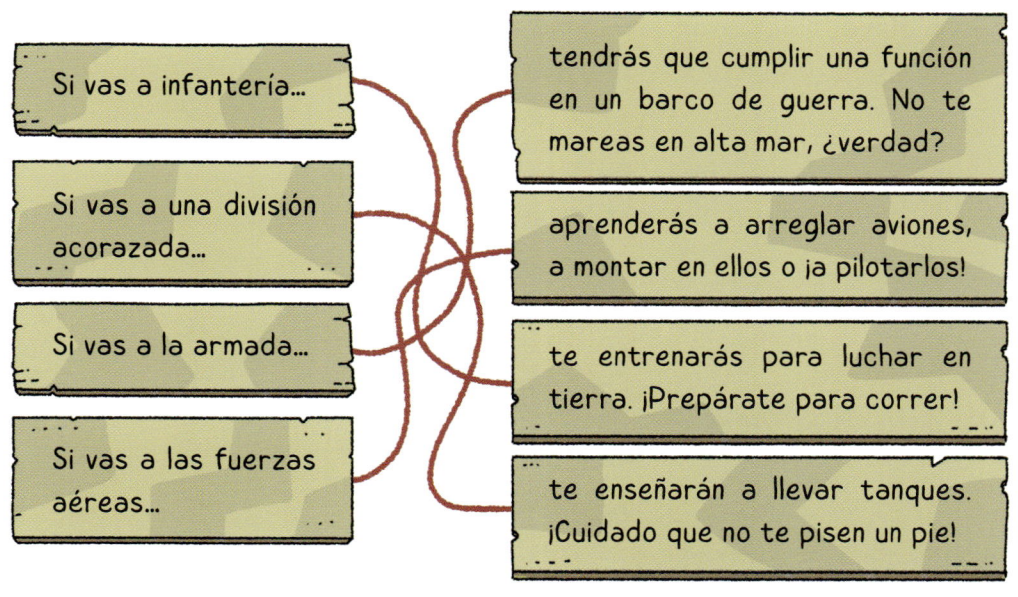

Si vas a infantería...

Si vas a una división acorazada...

Si vas a la armada...

Si vas a las fuerzas aéreas...

tendrás que cumplir una función en un barco de guerra. No te mareas en alta mar, ¿verdad?

aprenderás a arreglar aviones, a montar en ellos o ¡a pilotarlos!

te entrenarás para luchar en tierra. ¡Prepárate para correr!

te enseñarán a llevar tanques. ¡Cuidado que no te pisen un pie!

Una vez en tu especialidad, también te tendrás que preparar para un **PUESTO** específico. ¡En un ejército hay mucho trabajo!

¡MÁS BRÍO FREGANDO ESE SUELO!

¡PERO YO QUIERO VOLAR!

Peligro: ¡Balazos de entrenamiento!

EN LOS EJERCICIOS SE USA FUEGO REAL, ASÍ QUE TEN CUIDADO CON LOS DISPAROS, TANTO LOS TUYOS COMO LOS AJENOS. ¡NO VAYAS A MORIR ANTES DE SALIR AL COMBATE!

Un combate con estilo

El **UNIFORME** es muy importante. No solo porque está pensado para el clima de tu destino (nadie querría luchar en el desierto con un uniforme para la nieve), sino porque te ayudará a que te **IDENTIFIQUEN** como amigo o enemigo. Cada ejército tiene un uniforme propio, con un color, una forma e incluso un tejido concretos, y eso es fundamental para que en el campo de batalla tu compañero de litera no te **dispare** por despiste. ¡Ya bastante difícil es ver entre tanto humo y polvo!

¿ESE ES DE LOS MÍOS O NO?

¿PERO Y SI NO QUIERES QUE TE VEAN?

¡Ajá! Por supuesto, también hay uniformes de **CAMUFLAJE**. Los ingenieros de cada país, en especial los alemanes, diseñaban ropa con manchas para que la figura del soldado se **CONFUNDIESE** con el entorno. ¡Algunos de los diseños que se inventaron en la Segunda Guerra Mundial fueron tan eficaces que hoy en día se siguen usando casi sin cambios!

CAMO "AMEBA" (URSS)

CAMO "ASTILLA" (ALEMANIA)

CAMO "MIMÉTICO" (ITALIA)

CAMO "PIEL DE RANA" (USA)

El casco

Aviso: los cascos de acero **NO** son capaces de parar un impacto directo de una **bala**. Así que, si te alcanzan en la cabeza... ¡Hasta la vista!

Sin embargo, los cascos sí te salvarán de la **METRALLA**, es decir, de los trozos de metal que salen despedidos tras la explosión de una granada o una bomba, y también de las **PIEDRAS** que vuelan por todas partes. Así que, en realidad, merece la pena llevarlo en la cabeza... por mucho que pese.

El equipo

Todo buen soldado necesita de un buen **EQUIPO**, que incluye (aparte del arma) la munición, la cantimplora, la comida, la ropa de repuesto, útiles de aseo, un botiquín, granadas, una pala... y muchas cosas más. En total, es posible que acabes llevando encima **¡MÁS DE 20 KG DE TRASTOS!** Por eso es muy importante repartirlos por el cuerpo como puedas: en cartucheras, bolsillos, bolsas, mochilas y cualquier otro sitio disponible.

| ALEMANIA | JAPÓN | ITALIA | ESTADOS UNIDOS | REINO UNIDO | UNIÓN SOVIÉTICA |

Armamento ligero

Ha llegado el momento de tomar las armas. ¡No puedes salir al campo de batalla con **LAS MANOS VACÍAS**! Pero elige bien: tu vida puede **depender** de ello.

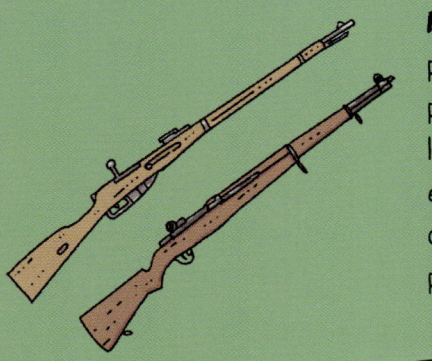

FUSIL: El rey del campo de batalla. Al principio, había que cargarlos tras cada disparo, pero a mediados de la guerra aparecieron los fusiles semiautomáticos, que se cargaban ellos solos. ¡Un problema menos! En muchos casos, se les añadía una mira telescópica para los francotiradores.

> TODOS LLEVABAN UNA BAYONETA, QUE ES ESTE CUCHILLO DE AQUÍ. ¡TAMBIÉN SERVÍA PARA CORTAR EL PAN!

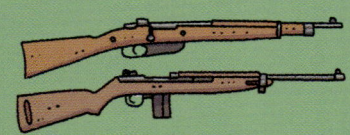

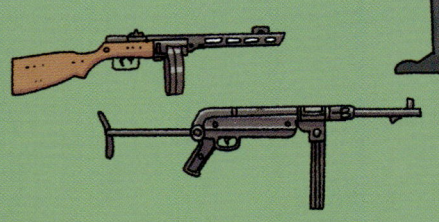

CARABINA: Más cortas y ligeras que los fusiles, las carabinas tenían menos alcance. Ideales para las distancias medias.

SUBFUSIL: Eran muy ligeros, pequeños, y lo mejor: si mantenías el gatillo apretado ¡disparaban varias veces seguidas! Las balas también eran pequeñas, claro, pero devastadoras a corta distancia.

FUSIL DE ASALTO: Estas armas fueron toda una revelación, ya que combinaban la potencia de un fusil con la capacidad de disparar seguido de un subfusil. Se inventaron en la Primera Guerra Mundial, pero fueron los nazis quienes los utilizaron por primera vez de manera regular.

PISTOLA: Las armas más pequeñas. Sobre todo las llevaban los oficiales o las unidades especiales.

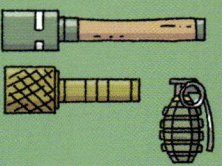

GRANADAS: Eran fáciles de llevar y provocaban grandes daños.

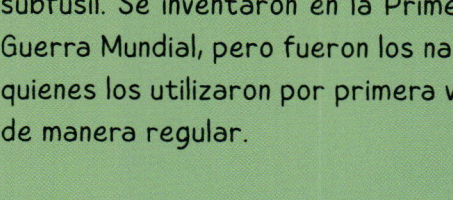

AMETRALLADORAS LIGERAS Y MEDIAS: Pesaban un poco, pero un soldado las podía transportar sin problemas. Y merecía la pena: ¡disparaban sin parar a gran velocidad!

LANZALLAMAS: Estas terroríficas armas lanzaban un chorro de líquido inflamable a presión. Eran ideales para calcinar a posibles enemigos que se escondían en trincheras y búnkeres.

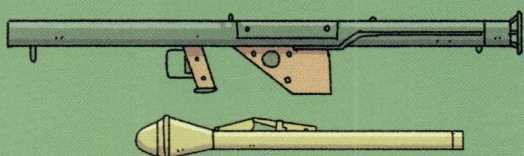

ANTICARROS: Servían para atacar a los tanques. Se disparaban apoyándolas en el hombro y, en muchos casos, eran desechables. ¡No muy ecológico!

Armamento pesado

¿Creías que solo ibas a contar con armas hechas a escala humana? En la guerra hubo objetivos como aviones, barcos o ciudades enteras, y para eso se necesitaban armas **GRANDES**.

¡Y PESADAS!

En general, hacían falta **VARIAS PERSONAS** para transportar y utilizar el armamento pesado. A veces, ¡incluso tenían que ser **REMOLCADAS POR VEHÍCULOS**! Puede que parezca demasiado esfuerzo, pero, claro, su capacidad de **destrucción** era enorme... y a los ejércitos eso les compensaba con creces.

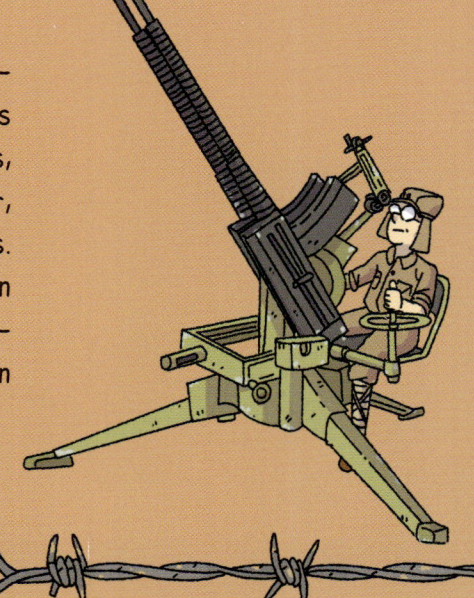

AMETRALLADORA PESADA: Estas ametralladoras, al igual que sus hermanas ligeras, disparaban grandes ráfagas, pero de un calibre mayor; es decir, las balas eran mucho más grandes. Se solían colocar sobre un trípode, un soporte con ruedas o incluso un vehículo. A veces, se montaban de dos en dos para disparar a aviones.

MORTEROS: Sencillos pero muy efectivos. Solo había que meter un proyectil en el tubo y esperar: cuando el proyectil llegaba al fondo, ¡salía disparado! Eso sí, los proyectiles dibujaban una parábola en el aire, así que presta atención al ángulo de inclinación del tubo: si calculas bien, ¡puedes conseguir un gran alcance!

CAÑÓN ANTITANQUE: Pues eso: cañones pensados para destruir tanques. Solían incluir un escudo para proteger a los artilleros (es decir, los soldados que disparaban el cañón). ¡Imagínate la cantidad de metralla que podía caerles encima!

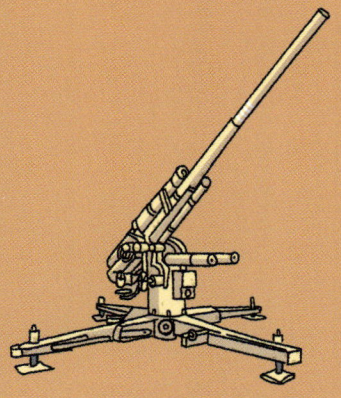

CAÑÓN ANTIAÉREO: Estos cañones lanzaban proyectiles explosivos diseñados para estallar a cierta altitud o cuando, gracias a una antena de radiofrecuencia, detectaban que había un objeto cerca. Liberaban tantísima metralla al explotar que dejaban los aviones enemigos hechos un desastre.

OBÚS: Estaban diseñados para machacar extensas áreas de terreno desde mucha distancia.

LANZACOHETES: Se parecían a los obuses, pero lanzaban cohetes de forma rápida y continua. Solían colocarse sobre simples camiones.

Las armas secretas de Hitler

Los **AVANCES TECNOLÓGICOS** pueden ser algo bueno... o algo muy malo. Y, lamentablemente, en época de guerra, los esfuerzos de ingenieros, inventores y otras cabezas pensantes suelen encaminarse hacia la creación de **armas mortíferas**.

> LOS ESTADOUNIDENSES SE CORONARON CON LA BOMBA ATÓMICA, DESDE LUEGO; PERO LOS NAZIS TAMPOCO SE QUEDARON MUY ATRÁS.

Y es que a los nazis les **ENCANTABA** la tecnología; fueron pioneros en el uso de muchas armas, y dedicaron grandes esfuerzos a la creación de otras. Sobre todo, tras su **derrota** en la Batalla de Inglaterra: ¡estaban obsesionados con alcanzar suelo británico desde la Europa continental! Por eso inventaron **ARMAS DE TODO TIPO**, desde un cañón de gran alcance hasta aviones a reacción.

Algunos de estos prototipos se usaron en batalla, pero otros no fueron descubiertos hasta el fin de la guerra, pues estaban **OCULTOS** en hangares y bases subterráneas. Tras capturarlos, los Aliados replicaron su tecnología para el futuro.

V-1: Un cohete propulsado con alas, capaz de recorrer cientos de kilómetros en horizontal antes de caer en tierra y explotar. Los pilotos británicos los desviaban empujándolos con las alas de sus aviones para que no cayesen en zonas pobladas.

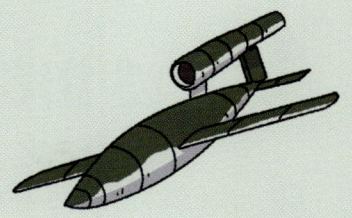

V-2: Otro cohete, aunque este despegaba en vertical y caía de la misma manera sobre el objetivo. Los V-2 fueron lanzados desde territorio ocupado y caían en suelo inglés sin apenas tiempo para derribarlos o evacuar la zona.

SUPERTANQUE MAUS: Esta bestialidad iba a ser el megatanque definitivo, pero se fabricaron muy pocos y... resultaron ser bastante torpes por su tamaño y su peso. ¡Buena suerte huyendo de los enemigos!

¡ESPERADMEEEEE!

CAÑÓN DORA: Este supercañón podía lanzar pesados proyectiles hasta un rango de 40 kilómetros. El canal de la Mancha que separa Francia y Reino Unido mide unos 34 kilómetros, ¡así que imagínate!

ME 262: El primer caza con motores a reacción. Rapidísimo y bien armado. ¡Menudo susto se llevaron los estadounidenses al verlo por primera vez!

Los magos de la guerra

Si crees que tus únicas armas van a ser las que disparan balas y cañones... ¡te equivocas! Existe otra manera, más inteligente y menos bruta, de vencer: **EL ARTE DEL ENGAÑO**.

Y es que hay una cosa clara: en la guerra, tu enemigo siempre **te estará observando**. Ya sea con vehículos de reconocimiento, comandos o aviones, el bando contrario va a tratar de ver qué haces **TODO EL RATO**.

> PUEDES CAMUFLARTE O VIAJAR A OSCURAS PARA QUE NO TE DETECTEN..., PERO ¿POR QUÉ NO USAR LA VIGILANCIA DE TU ENEMIGO A TU FAVOR?

Uno de los clásicos del engaño es hacer creer al enemigo que eres **MÁS FUERTE O MÁS DÉBIL** que en la realidad. ¿Cómo? Muy fácil: puedes disfrazar tus camiones como si fueran tanques, para que no se atrevan a atacarte. O puedes disfrazar tus tanques como si fuesen camiones; y así, cuando te ataquen..., se llevarán una sorpresa.

> ¿TANQUE? ¿QUÉ TANQUE?

Otra táctica es la de **DESVIAR LA ATENCIÓN**. Por ejemplo, puedes jugar con las luces de una ciudad o una base por la noche, apagando las de verdad e iluminando a tope una zona alejada y vacía; así seguro que las bombas caen donde no hay nada.

O puedes ir un paso más allá y fabricarte **UN EJÉRCITO DE MENTIRA**. ¡Sí, como lo lees! Tanques, aviones, camiones… Solo necesitas situarlos a la vista para que el enemigo piense que vas en una dirección, mientras tú y los tuyos os movéis por el lado contrario. Para cuando se dé cuenta, tú habrás penetrado en su territorio ¡y ellos solo habrán aplastado un montón de maquetas de madera, cartón y tela!

Estas tácticas lograron **engañar** a combatientes de ambos bandos. Los británicos, en concreto, fueron los pioneros en disfrazar sus vehículos en el desierto africano. Pero los verdaderos maestros fueron los militares de Estados Unidos, que llegaron a crear una unidad dedicada exclusivamente a esto. Se llamaba 23.º Grupo Especial, aunque era conocido como **«EJÉRCITO FANTASMA»**, y estaba formado por pintores, actores, arquitectos, diseñadores… Toda una unidad fabricando tanques inflables, propagando transmisiones de radio falsas y emitiendo sonidos de tanques por altavoces. ¡Menudo espectáculo!

EL 23.º GRUPO ESPECIAL CONSTRUYÓ UN MUELLE FALSO PARA ENGAÑAR A LOS ALEMANES CON EL DESEMBARCO DE NORMANDÍA. ¡QUÉ LISTOS!

Descifrando la guerra

Sí, lo de engañar con triquiñuelas era muy inteligente..., pero en todos los ejércitos existía un departamento al que, literalmente, se llamaba **«INTELIGENCIA»**. E iba un pelín más allá.

La inteligencia militar se dedicaba a **CONSEGUIR INFORMACIÓN** sobre el enemigo. Es decir, recopilaban todos los datos posibles, los analizaban e informaban a los generales, para que estos pudieran tomar las decisiones **MÁS ADECUADAS**. ¡Una tarea muy importante!

Para cumplir su misión, la inteligencia necesita varias **FUENTES DE INFORMACIÓN**. Los vuelos de reconocimiento con cámaras son una buena forma de saber, por ejemplo, cuántos tanques tiene el enemigo. En puertos o bases militares, puedes optar por un comando que se infiltre para hacer fotografías ¡e incluso robar documentos! Si no, siempre puedes recurrir a los grupos de la resistencia, que luchan contra las fuerzas que han ocupado su territorio, o a los espías.

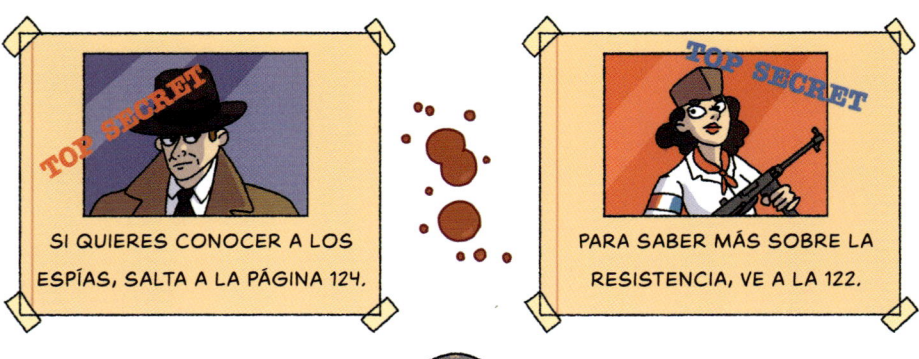

SI QUIERES CONOCER A LOS ESPÍAS, SALTA A LA PÁGINA 124.

PARA SABER MÁS SOBRE LA RESISTENCIA, VE A LA 122.

No obstante, la mejor manera de obtener información era **captar las comunicaciones enemigas**. Y es que, en la Segunda Guerra Mundial, había **ONDAS DE RADIO** por todas partes: ¡así se comunicaban los ejércitos! Pero, aunque captaras los mensajes, la cosa no acababa ahí, porque solían estar **ENCRIPTADOS**. Es decir: necesitabas un código igual que el del emisor para descifrarlos. Aquí entraban en juego otras personas: gente de ciencia que se devanaba los sesos para descifrar los códigos.

> DESCIFRAR UN CÓDIGO TE DABA UNA GRAN VENTAJA EN ESE MOMENTO, PERO TARDE O TEMPRANO EL ENEMIGO SE DABA CUENTA Y CAMBIABA DE CÓDIGO, ¡ASÍ QUE EL JUEGO SE REINICIABA UNA Y OTRA VEZ!

> ¿PERO QUÉ DIABLOS PONE AQUÍ? ¡ESTO ESTÁ ENCRIPTADO!

> LO ESTÁS LEYENDO AL REVÉS...

ENIGMA

Enigma fue una de las máquinas más famosas de la guerra. ¡Y no, no era un arma! Fue un aparato **INVENTADO POR LOS ALEMANES**: un operador escribía un mensaje, la máquina lo encriptaba automáticamente, y lo enviaba por radio; luego, cuando llegaba al destinatario, su Enigma traducía el mensaje. ¡Todo muy tecnológico! Los Aliados tuvieron que construir **UNA COMPUTADORA** para averiguar cómo funcionaba.

¡Me han dado!

En la guerra hay peligro por todas partes: no solo amenazas propias de las armas (como balazos, explosiones, llamas...), sino también **PROBLEMAS DE SALUD** más comunes, desde un simple catarro hasta caídas o infecciones. En otras palabras: la **MEDICINA** es esencial.

TODO SOLDADO LLEVA UN BOTIQUÍN BÁSICO CON VENDAS Y MEDICAMENTOS, PERO, CUANDO ES ALGO MÁS SERIO, ¡HAY QUE LLAMAR AL MÉDICO!

LO RECONOCERÁS POR LA CRUZ ROJA QUE LLEVA EN EL CASCO O EN UN BRAZALETE. ¡TIENEN QUE SER FÁCILES DE LOCALIZAR!

Si la herida es poco grave, el médico te hará un apaño y hala, pero, si es algo más, hará lo básico para que no te mueras y llamará a tus compañeros. ¡Hay que **EVACUARTE** ya!

Tus compis te colocarán en una **CAMILLA PLEGABLE** o improvisarán una con una manta, una puerta o una chapa de metal, ¡todo vale! Luego te llevarán al vehículo más cercano: camiones o blindados ambulancia, trenes medicalizados, barcos e incluso aviones. Todo dependerá de a dónde te lleven, ya que, según la **gravedad** de tus heridas, tendrás que ir a un hospital u otro.

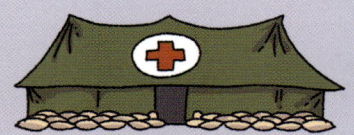

HOSPITAL DE CAMPAÑA: El más próximo al frente. Eran portátiles y se componían de enormes tiendas de campaña. Aquí se hacían las curas de emergencia.

HOSPITAL DE EVACUACIÓN: Era habitual ocupar edificios un poquito alejados del frente, para así albergar más pacientes y en mejores condiciones. Cualquier cosa servía: una iglesia, una casa grande o un edificio de oficinas.

HOSPITAL FIJO: El lugar donde iban los heridos más graves. Estaban lejos del frente y normalmente el propio edificio era ya desde antes un hospital militar.

Las enfermeras

A pesar de que los médicos solían ser varones, la mayor parte del personal sanitario eran mujeres. En todos los países combatientes se alistaron miles y miles de mujeres para ejercer como enfermeras en los hospitales o en ambulancias y otros vehículos. Gracias a su compromiso, salvaron a muchos soldados en el frente, incluso arriesgando su propia vida.

Melodías de guerra

Aunque parezca mentira, en el frente no todo va a ser pólvora y bombas. Entre un ataque y otro, hay mucho tiempo para intentar **OLVIDARSE** de lo que ocurre en el mundo... ¿y qué mejor para ello que la **MÚSICA**?

En los años 40 no había Internet, así que los soldados tenían que encender la **RADIO** o poner un disco en un **GRAMÓFONO** para escuchar música. ¡Y así lo hacían! Era una bonita manera de **desconectar del horror** que los rodeaba, y tratar de subir los ánimos.

De hecho, los altos mandos del ejército se preocupaban por mantener la **MORAL** de sus soldados alta. Así que muchas veces invitaban a artistas a las zonas en guerra, para que **ACTUARAN** ante soldados y heridos.

DESPUÉS DE SEMANAS TEMIENDO POR TU VIDA Y VIENDO MORIR A DECENAS DE PERSONAS, CANTAR Y BAILAR CON TUS COMPAÑEROS ERA UNA BUENA MANERA DE EMPEZAR A SANAR. ¡ESTO SÍ QUE ES SUPERVIVENCIA!

Top Hits de la guerra

LILI MARLEEN

Compositor: Norbert Schultze. Intérprete: Lale Andersen

El superéxito de la guerra. Se hizo popular en todos los bandos pese a estar en alemán, ya que durante la guerra en África los ingleses captaban las emisiones de la radio alemana. En EE. UU. se grabó otra versión cantada por Marlene Dietrich, también en alemán, aunque más tarde se traduciría a muchos idiomas.

KATYUSHA
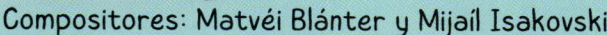

Compositores: Matvéi Blánter y Mijaíl Isakovski

Si piensas en soldados rusos, esta es la canción que estarían cantando. De todas formas, a los jefazos del Ejército Rojo no les hacía demasiada gracia: aunque tenía un trasfondo revolucionario, no dejaba de ser una canción de amor, y les preocupaba que eso ablandase a las tropas.

WE'LL MEET AGAIN

Intérprete: Vera Lynn

Con esta canción sobre el regreso a casa de los soldados, la cantante británica Vera Lynn se ganó el apodo de «la novia de nuestras fuerzas». Además, Lynn también enviaba mensajes de ánimo a los soldados a través de su programa de radio.

BOOGIE WOOGIE BUGLE BOY

Compositores: Don Raye y Hughie Prince. Intérpretes: The Andrews Sisters

Este temazo se hizo muy famoso por su aparición en la película *Buck Privates*, una comedia de temática militar.

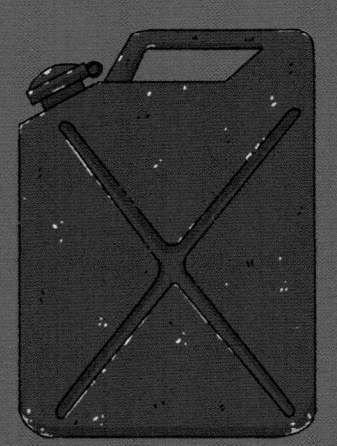

Capítulo III

Cuidado
donde pisas

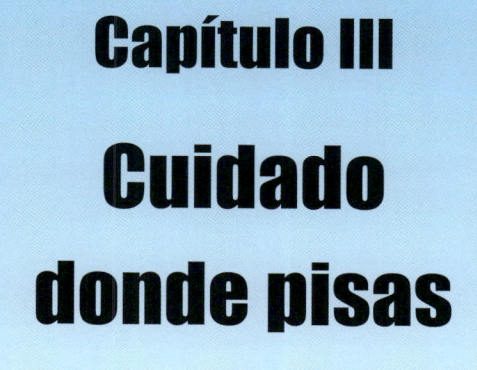

¡A moverse!

Si te destinan a un ejército de tierra, prepárate para caminar. Tal vez tengas la suerte de viajar en un tanque. Pero, si no..., **¡A DARLE A LAS BOTAS** a base de bien!

TRANQUI: SI LA DISTANCIA ES MUY LARGA, TE LLEVARÁN EN CAMIÓN. ¡LO IMPORTANTE ES MOVERSE!

Y es que todos los ejércitos se empeñaban en **AVANZAR**. Venían bien aprendidos de la Primera Guerra Mundial, en la que el combate se había quedado **estancado**. Como acababan de inventar la artillería moderna y las ametralladoras, en la Gran Guerra resultaba muy peligroso ir más allá de las trincheras, así que las tropas se pasaban **MESES** atascadas en sus agujeros. ¡Qué frustrante!

Por eso, en la Segunda Guerra Mundial, ambos bandos hicieron lo que pudieron por mantener las tropas **EN MOVIMIENTO**; algo más sencillo con la ayuda de los **tanques**, claro. De ahí que también pudieran ponerse en práctica tácticas como la **BLITZKRIEG**, la «guerra relámpago» que ya conoces.

¡Nos atacan!

A veces, en vez de avanzar, te tocará **defender** una posición. O sea, básicamente, esperar a que te ataquen. ¡Pero no entres en pánico! Lo mejor es que construyas unas buenas defensas.

Si tienes tiempo, puedes levantar **BARRERAS ANTICARRO** de acero o cemento y **ALAMBRADAS** para impedir el paso de la infantería. ¿Que hoy estás especialmente sádico? Pues construye búnkeres para situar **CAÑONES Y AMETRALLADORAS** y, sobre todo, coloca **MINAS** en el suelo. En cuanto alguien se acerque, montarás una buena carnicería.

Si no tienes mucho tiempo, puedes cavar **TRINCHERAS** a lo largo de la zona que vas a defender para poder disparar sin que apenas se te vea. También puedes mandar equipos de soldados con **ARMAS ANTITANQUE** a que se escondan por ahí, para que destruyan los tanques según vayan llegando. ¡Si te preparas bien lograrás rechazar el ataque!

PE-PERO..., ¿Y SI VIENEN MUCHOS TANQUES?

LO MEJOR PARA VENCER AL ENEMIGO ES CONOCERLO. ¡PASA LA PÁGINA!

El poder de los blindados

He aquí uno de los inventos clave de la Primera Guerra Mundial: los **BLINDADOS**. Básicamente se trata de vehículos superprotegidos, y eran muy útiles, ya que permitían atravesar el campo de batalla con cierta seguridad y, además, **atacar**.

AUTOMÓVIL ACORAZADO: Lo más básico. Un simple coche blindado, que a veces tenía 6 ruedas para hacerlo más ágil. Pero ¡cuidado! Iba armado con una ametralladora.

VEHÍCULO DE EXPLORACIÓN: Su misión era ir a toda castaña, pegar una ojeada e informar de lo que estaba haciendo el enemigo, así que eran pequeños y rápidos. Su blindaje solo aguantaba el fuego de, como mucho, una ametralladora.

TRANSPORTE DE TROPAS: Más grandes y pesados, estos vehículos estaban diseñados para llevar soldados de un lado a otro durante el combate. Su blindaje era ligero, pero solían llevar una ametralladora para defenderse.

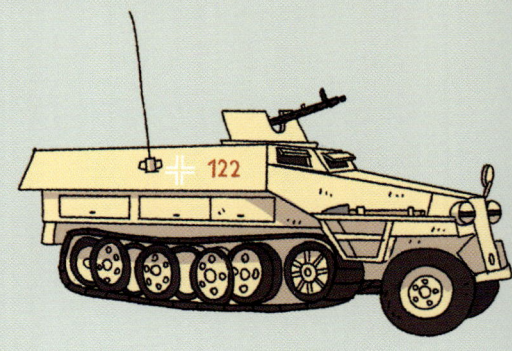

PARECEN INDESTRUCTIBLES, ¡PERO OJO! LA PARTE TRASERA ERA SU PUNTO DÉBIL.

¿La cosa se está poniendo fea? Pues es hora de sacar los carros de combate, que seguramente conocerás con otro nombre: ajá, **¡LOS TANQUES!** Estos llevan un blindaje grueso, así que ¡tus enemigos ya pueden correr!

CARRO LIGERO: Pensados para ir muy rápido y enfrentarse a blindados ligeros. Podían llevar ametralladoras o cañones de un calibre más pequeño.

CARRO MEDIO: Probablemente lo más común en esta guerra. Eran grandes y pesados, pero no demasiado torpes, y llevaban un armamento potente y un blindaje considerable.

CARRO PESADO: Estos monstruos de acero tenían un blindaje muy grueso y un cañón capaz de destruir incluso a otros carros pesados a gran distancia. ¡No se andaban con tonterías!

CAZACARROS: Estaban pensados exclusivamente para destruir tanques, así que tenían un cañón muy potente. Sin embargo, su blindaje estaba concentrado en el frente, ya que solían esconderlos para atacar a los tanques enemigos por sorpresa.

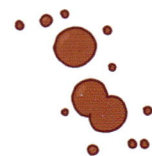

La vida dentro de un tanque

Estar dentro de un tanque es **MÁS SEGURO** que andar dando saltos por el campo de batalla, claro, pero ¡aún existen peligros que te pueden poner en un **aprieto**!

Para empezar, y aunque suene tonto, tu tanque puede… **VOLCAR**. Y esto puede ser fatal, ya que aquí no hay ni cinturón de seguridad ni airbag. Por otro lado, el enemigo te pondrá todo tipo de **obstáculos** en el camino: barreras para que te quedes atascado, minas antitanque que estallarán en cuanto las pises....

PUES ENTONCES ES SENCILLO: SOLO TENGO QUE PRESTAR ATENCIÓN AL CAMINO.

Sí, bueno, eso es fácil si no hay enemigos a la vista. Pero, si resulta que **te están disparando**, te quedarás dentro del tanque, y… solo verás a través de una pequeña **RANURA**. Así que… ¡ver por dónde vas será todo un reto!

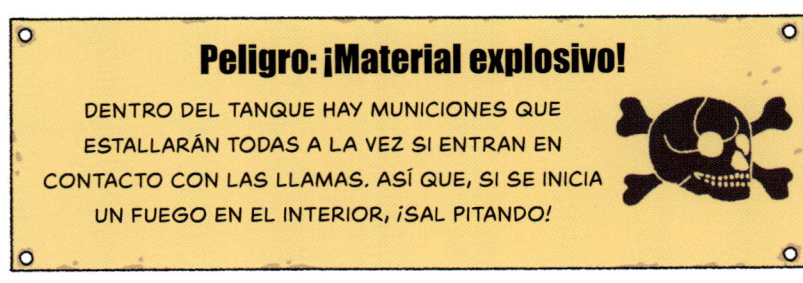

Peligro: ¡Material explosivo!

DENTRO DEL TANQUE HAY MUNICIONES QUE ESTALLARÁN TODAS A LA VEZ SI ENTRAN EN CONTACTO CON LAS LLAMAS. ASÍ QUE, SI SE INICIA UN FUEGO EN EL INTERIOR, ¡SAL PITANDO!

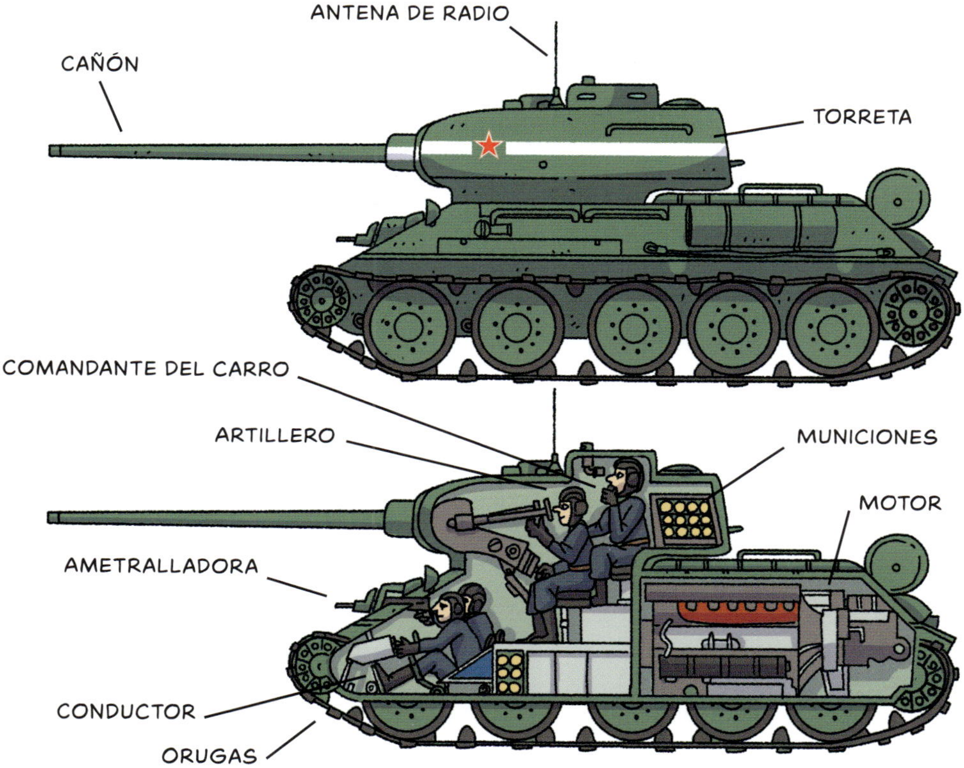

CAÑÓN

ANTENA DE RADIO

TORRETA

COMANDANTE DEL CARRO

ARTILLERO

MUNICIONES

MOTOR

AMETRALLADORA

CONDUCTOR

ORUGAS

Otro de los problemitas de los tanques es que son muy **GRANDES** y, por tanto, el enemigo podrá **verlos** a muchos metros de distancia. ¡Y seguro que te convierten en diana! Así que prepárate para recibir ráfagas de ametralladora, cañonazos, bombazos, granadas y cualquier cosa que pueda inutilizar algún elemento del tanque, como los famosos **CÓCTELES MOLOTOV**.

¡NO, HOMBRE! ¡CON ESTO PROVOCARÁS UN INCENDIO EN EL TANQUE!

¿UN CÓCTEL? NO, GRACIAS, NO BEBO.

Saltando al vacío

A veces, atravesar las defensas enemigas puede ser una tarea difícil. Pero... ¿y si los atacas por sorpresa por detrás?

> YA, Y ¿CÓMO LLEGAS HASTA AHÍ, EH, GENIO?

Pues fácil: gracias a una **TROPA AEROTRANSPORTADA**. La idea es simple, aunque necesita mucha coordinación: varios aviones llenos de soldados se adentran tras las líneas enemigas y, cuando estén sobre un lugar seguro, los paracaidistas **saltan** para caer en tierra y **atacar** al enemigo por la espalda. No está mal, ¿eh?

Las primeras tropas aerotransportadas se crearon en los años 20, con los soviéticos y los italianos siendo los pioneros. No obstante, los alemanes fueron el primer ejército en realizar una operación aerotransportada a gran escala. Después, los británicos, los estadounidenses y los polacos crearon sus propias tropas paracaidistas.

> ¡ME DA MIEDO! ¡NO QUIERO SALTAR!

> ¡VAMOS, QUE HAY COLA!

Planeadores

Cuando estas operaciones necesitan más apoyo, lo que se hace es enviar planeadores, es decir, enormes aeronaves que llevan soldados, material e incluso vehículos en su interior. Como no tienen motor, los planeadores no hacen ruido y son muy difíciles de detectar. Solo hace falta que un avión los remolque y los libere cerca del objetivo. ¡El viento y la gravedad hacen el resto!

Operaciones aerotransportadas famosas

BATALLA DEL FUERTE EBEN-EMAEL: La primera operación aerotransportada a gran escala, en la que los alemanes tomaron un fuerte belga durante la invasión de Francia. ¡Todo un éxito!

OPERACIÓN ROBLE: Cuando el Gobierno italiano encerró a Mussolini en la isla de Creta, los alemanes lanzaron una operación aerotransportada para rescatarlo y devolverlo a Italia.

OPERACIÓN MARKET: ¿Te acuerdas de los paracaidistas que los Aliados soltaron sobre los ríos de Países Bajos? Eso también fue una operación aerotransportada, pero... acabó en desastre.

OPERACIÓN OVERLORD: La noche anterior al desembarco de Normandía, los paracaidistas aliados saltaron tras las líneas de defensa alemanas en Francia para asegurar algunas rutas y puentes, y así facilitar el avance de las tropas que llegaron por mar. ¡Fue una jugada clave!

En terrenos peligrosos

El avance sobre el enemigo no siempre puede hacerse de la misma manera: sobre todo porque, incluso en tierra, existen escenarios **MUY DISTINTOS**. ¡Y todo tiene su **truco**!

Guerra en el desierto

Arena, piedras, grandes llanuras y un sol implacable. Eso es lo que encontrarás en los desiertos del norte de África.

Aquí te hará falta mucha agua, ya que las temperaturas durante el día son **MUY ALTAS** y, ya si te toca ir dentro de un tanque, te vas a asar. ¡Pero no te confíes! Por la noche puede hacer un **frío gélido** y vas a necesitar ropa de abrigo.

Otro de los problemas del desierto es que es **ENORME**. En algún momento se te acabarán la gasolina o las municiones, y entonces tus compañeros tendrán que enviarte **CONVOYES** de camiones con suministros… convoyes que, por supuesto, tu enemigo intentará **destruir**.

¿La solución? **¡EL CAMUFLAJE!** Si pintas absolutamente todo de color arena, podrás mimetizarte con tu entorno. Tanques, camiones, pero también tiendas, hangares, aeronaves… ¡que no se te olvide nada!

¡MIRE, GENERAL, A ESOS SE LES HA OLVIDADO PINTAR LA ESQUINA!

Guerra en la jungla

Si te toca luchar en una zona tropical, los soldados enemigos serán el menor de tus problemas, ¡que ya es decir!

Para empezar, está la **HUMEDAD**, que corroe el metal y puede estropearte las armas. Luego está el calor: te pasarás el día sudando y vas a necesitar mucha agua para no **deshidratarte**. Pero ¡ni se te ocurra beber agua estancada! Puedes contraer enfermedades muy serias.

> TAMBIÉN ESTÁN LAS TORMENTAS TROPICALES, QUE PUEDEN CALARTE HASTA LOS HUESOS, Y LO PEOR DE TODO: DEJARTE SIN LOS SUMINISTROS QUE TE IBAN A TRAER EN AVIÓN. ¡LO QUE FALTABA!

Peligro: ¡Pies mojados!

SE TE VAN A MOJAR LAS BOTAS, ASÍ QUE, SI NO QUIERES QUE SE TE PUDRAN LOS PIES, SÉCALOS Y CÁMBIATE LOS CALCETINES CADA CIERTO TIEMPO.

¿Suficiente? Pues aquí llega la **FAUNA** local. Serpientes venenosas, hormigas, mosquitos que te transmiten la malaria, sanguijuelas que te chupan la sangre... Por no hablar de bichos más grandes como los cocodrilos, que se pueden dar un **festín** contigo. ¡Glups!

Pero ¡eh! Recuerda que eres **SOLDADO**. Así que tendrás que prestar mucha atención a tu alrededor: puede haber un enemigo apostado detrás de un árbol frondoso, nidos de ametralladora en cualquier agujero, francotiradores encima de las palmeras o explosivos escondidos entre el musgo. ¡Una fiesta!

Guerra anfibia

Cuando un objetivo está cerca de la costa, lo mejor es atacar desde el mar, haciendo que tus tropas desembarquen en la **PLAYA**. Ahora bien, este tipo de operaciones son muy complejas, ya que hay que coordinar distintas fuerzas.

Para empezar, necesitas aviones de reconocimiento que fotografíen el terreno. ¡Solo así localizarás las defensas enemigas! No creerías que ibas a poder plantarte en la playa así sin más, ¿verdad? También puedes echar un vistazo con un submarino o mandar **pequeños comandos y espías** en busca de información.

DISCULPEN, ¿ES AQUÍ EL DESEMBARCO?

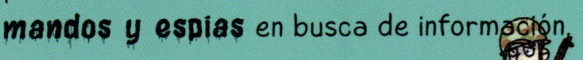

¿Has localizado las defensas? Bien, pues ahora toca machacarlas. Entre los **cañonazos** de tus barcos acorazados y los **bombardeos** de tu aviación, conseguirás despejar el terreno para que las tropas lleguen hasta la playa en lanchas o en vehículos anfibios.

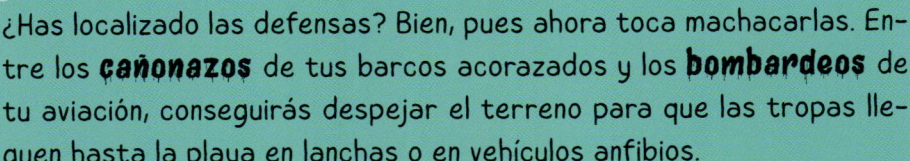

Pero la cosa no acaba aquí: es posible que, a pesar de tus esfuerzos, al enemigo le queden armas con las que dispararte. O sea, que tendrás que correr y esconderte, para poder destruir del todo las posiciones enemigas y, por fin, **HACERTE CON LA COSTA**.

Guerra urbana

Las batallas en la ciudad son **largas y durísimas**. Al fin y al cabo, no deja de ser otra jungla de cemento y asfalto (aunque sin cocodrilos).

El problema es que cualquier **EDIFICIO** se convierte en una pequeña fortaleza por expugnar. Luchar casa por casa, habitación por habitación, es como pelear en un **laberinto**: ¡a saber qué te encuentras tras cada puerta!

¿LE APETECE UN CAFÉ?

SI PUDIERA SER...

Las granadas serán tus mayores aliados, ya que te permitirán **«despejar»** habitaciones sin arriesgarte a entrar y... que te dejen seco.

Por supuesto, las peleas son a muy corta distancia, así que lo mejor es que eches mano de subfusiles y carabinas. Y, si te toca defender un edificio, nada como situar ametralladoras en ventanas y tiradores en azoteas. ¡Que se atrevan a intentar entrar!

Como te podrás imaginar, todo esto **RALENTIZABA** mucho el avance de las tropas atacantes; pero, si estabas del otro lado, te venía muy bien retener al enemigo durante semanas. ¡Tal vez se agotaran y se largaran de allí!

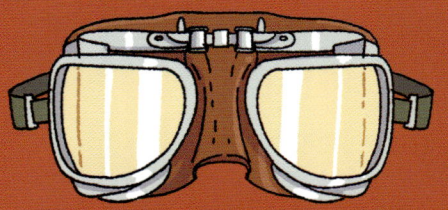

Capítulo IV

Volar parecía fácil

La guerra desde el aire

Desde la invención de los globos aerostáticos, pasando por los dirigibles hasta el aeroplano, todos los ejércitos han visto el **POTENCIAL** de estos aparatos para la guerra: primero, como método de reconocimiento y, después, como **arma**.

En la Primera Guerra Mundial se estrenaron los aviones de guerra, y tuvieron tanto éxito que en la Segunda Guerra Mundial se usaron **DE FORMA MASIVA**. Con su capacidad para lanzar bombas sobre ciudades, disparar con sus cañones y ametralladoras a otros aviones o incluso tirar torpedos para hundir barcos, los aviones se convirtieron en un arma fundamental.

Estos aparatos estaban hechos principalmente de **METAL** y se movían gracias a **MOTORES DE PISTÓN CON HÉLICES**, que les permitían alcanzar grandes velocidades. No obstante, durante la guerra entraron en servicio los primeros aviones **A REACCIÓN**, que eran mucho más veloces.

La invención del **RADAR** cambió la guerra en el aire para siempre. Este instrumento era capaz de **detectar** aeronaves a mucha distancia. ¿Cómo? Muy sencillo: una antena enviaba una señal de **RADIO** y, cuando esta rebotaba en otros aviones y volvía a la antena, el radar generaba una imagen en una pantalla, mostrando la distancia a la que estaba el otro avión. ¡Muy útil!

¿Quién es quién?

Era muy importante saber **IDENTIFICAR** a qué país pertenecía cada avión. ¡No fueras a disparar a uno de tus compañeros! Para evitar esos accidentes, todas las fuerzas aéreas utilizaban una **ESCARAPELA**, es decir, un círculo formado con los colores de la bandera de cada nación o con un símbolo concreto. Las escarapelas se pintaban en el fuselaje, las alas y el plano de cola. ¡Así siempre eran reconocibles!

ITALIA   ESTADOS UNIDOS   REINO UNIDO   ALEMANIA

FRANCIA   JAPÓN   UNIÓN SOVIÉTICA   POLONIA

Aprendiendo a volar

¿Te ha picado el gusanillo de **PILOTAR**? Es comprensible, pero paciencia: ¡te espera un entrenamiento muy largo!

Primero, tendrás que hacer un **CURSO TEÓRICO** para aprender cómo funciona un avión, qué instrumentos hay dentro de la cabina y cómo utilizarlos. Después, harás prácticas en unos **SIMULADORES** que imitan el funcionamiento de un avión; pero, eso sí, en tierra. Si todo sale bien, pasarás a volar de verdad.

¡Pero no en la guerra, claro! En tu primer vuelo pilotarás un **AVIÓN DE ENTRENAMIENTO** junto con un instructor, que tomará los mandos si te quedas en blanco. En cuanto hayas cumplido unas horas de vuelo, pasarás a pilotar tu **AVIÓN DE COMBATE**, pero todavía te quedará aprender maniobras, giros y estrategias. ¡Solo entonces estarás listo para salir a la batalla!

Peligro: ¡Fuerzas g!

DURANTE UN VUELO TU CUERPO TENDRÁ QUE SOPORTAR FUERZAS MUY GRANDES QUE AFECTARÁN A TU RIEGO SANGUÍNEO, Y PUEDES MAREARTE E INCLUSO DESMAYARTE.

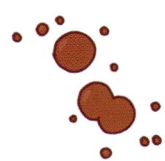

MIRA CUÁNTOS HABÍA... Y CASI TODOS TENÍAN TAMBIÉN SU VERSIÓN EN HIDROAVIÓN, ES DECIR, CON ALGUNOS AÑADIDOS PARA PODER ATERRIZAR SOBRE EL AGUA. ¡GUAY!

AVIÓN DE RECONOCIMIENTO: Rápidos y ágiles, su misión era encontrar al enemigo en tierra y transmitir su posición por radio. Muchos iban equipados con cámaras de fotos de gran potencia.

PATRULLA MARÍTIMA: Eran más grandes y tenían más autonomía de vuelo, ya que se encargaban de encontrar al enemigo en el mar, ¡y un mar puede ser muy extenso! Podían incluso llevar armamento defensivo.

CAZA: Pequeños, rápidos y letales. Estaban destinados a derribar a otros aviones, aunque también podían atacar objetivos en tierra. Adicionalmente, estaban los cazas pesados, más grandes y potentes, y los cazas nocturnos, ¡con radar!

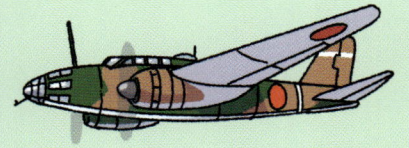

BOMBARDERO: Aviones grandes pensados para lanzar explosivos. Podían ser ligeros, medios o pesados, según su tamaño.

BOMBARDERO EN PICADO: Se llamaban así por su técnica de bombardeo: lanzarse en picado sobre el objetivo para lograr más precisión al soltar las bombas.

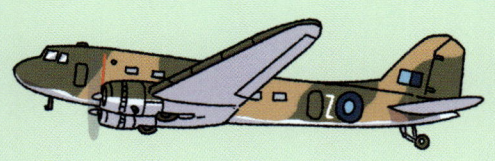

AVIONES DE TRANSPORTE: Aparatos de gran potencia y tamaño, diseñados para llevar carga útil y/o pasajeros, además de lanzar en paracaídas a soldados y suministros.

A bordo de un bombardero

Para que un bombardero cumpla su misión, debe contar con una **TRIPULACIÓN** de varias personas. Al fin y al cabo, hay un montón de cosas que atender, ¡sobre todo si el enemigo está ahí fuera acechando con sus cazas y sus cañones antiaéreos!

1. NAVEGADOR: En esta época no hay GPS, así que un tripulante es el encargado de interpretar los mapas y trazar rutas para no perderse.

2. OPERADOR DE RADIO: Es el encargado de enviar y recibir comunicaciones con la base y otras aeronaves amigas.

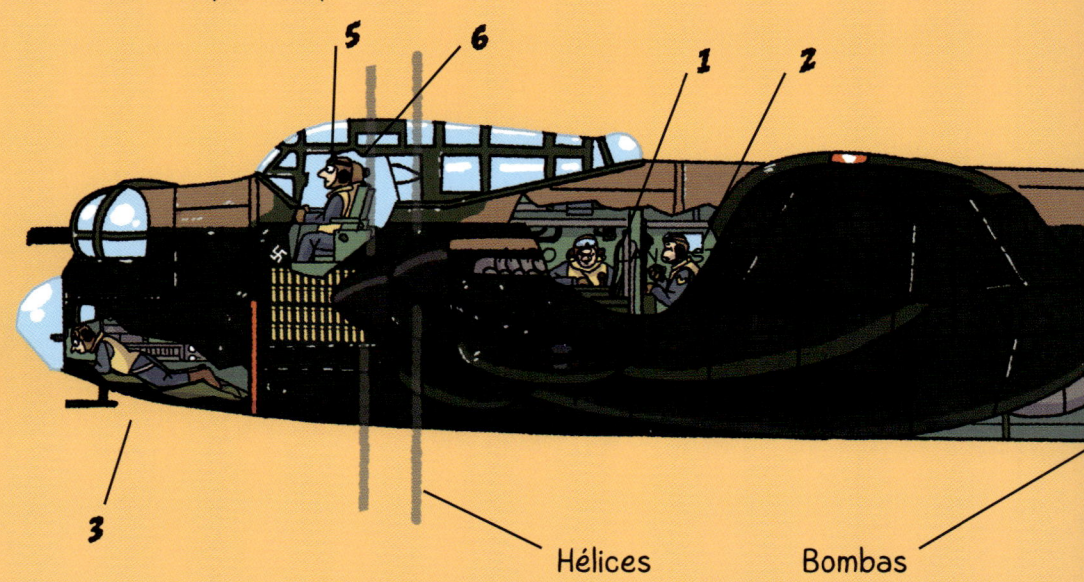

Hélices

Bombas

5. PILOTO: Es quien dirige el avión y el comandante de la aeronave.

Aunque hubo muchos modelos de bombarderos, todos estaban más o menos diseñados de **FORMA SIMILAR**: dos o cuatro motores, una bodega para las bombas, grandes cúpulas para ver bien y torretas armadas para defender el avión de los cazas enemigos.

3. BOMBARDERO: Es el encargado de identificar el objetivo con una mira telescópica, apuntar y soltar las bombas en el momento adecuado.

4. ARTILLERO DE COLA: Defiende la parte trasera del avión.

Escarapela

Cola

6. COPILOTO O INGENIERO DE VUELO: Ayuda al piloto y está pendiente del estado de los motores y otros sistemas.

7. ARTILLERO: Va dentro de una cúpula armada con ametralladoras y defiende el avión.

 # La Batalla de Inglaterra

Durante la Segunda Guerra Mundial, los enfrentamientos aéreos fueron constantes. Pero, si hay uno que ha pasado a la historia, ese es el conocido como «Batalla de Inglaterra».

No fue una batalla en sí, sino, más bien, una serie de combates aéreos y bombardeos ocurridos **ENTRE JULIO Y OCTUBRE DE 1940**. Si te acuerdas, Francia acababa de caer ante Hitler, y ahora los nazis tenían a Reino Unido en **su punto de mira**. Para ello, la **LUFTWAFFE**, las fuerzas aéreas alemanas, iniciaron una serie de ataques

Luftwaffe

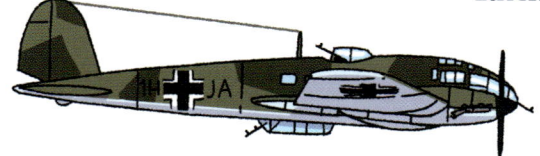

HE 111: Un bombardero resistente, aunque en 1940 no supo seguirles el ritmo a los demás.

BF 110: Caza pesado bien armado con bombas, ametralladoras y cañones.

BF 109: El caza alemán más famoso de la guerra.

STUKA: Bombardero en picado, famoso por el terrorífico sonido que hacía cuando iniciaba la caída para soltar sus bombas. Llevaba también ametralladoras y cañones.

masivos contra el sur de Inglaterra. ¿El objetivo? Destruir a la **ROYAL AIR FORCE** (RAF), las fuerzas aéreas británicas, para así poder iniciar una **invasión** por el mar.

Durante esos meses, cientos de aviones se enzarzaron en tremendos **duelos aéreos**: en cuanto los bombarderos alemanes aparecían en el cielo, los cazas de la RAF acudían a destruirlos, pero pronto se veían obligados a enfrentarse a los cazas alemanes, que escoltaban a sus compañeros. Muchas veces, esto permitía a los bombarderos llegar hasta sus objetivos; y así fue como la Luftwaffe **bombardeó** bases aéreas, puertos, fábricas y ciudades de Reino Unido. No obstante, para fortuna de los británicos, finalmente la RAF logró **VENCER**.

Royal Air Force

SUPERMARINE SPITFIRE: El caza británico más famoso de todos los tiempos por su potencia y su belleza.

HURRICANE: Aunque inferior al Spitfire, el Hurricane fue otro de los cazas más usados durante la contienda.

P.82 DEFIANT: Un caza biplaza parecido al Hurricane, pero con una ametralladora apuntando hacia atrás.

BRISTOL BLENHEIM: Un caza pesado de largo alcance. ¡Muy eficaz!

Kamikazes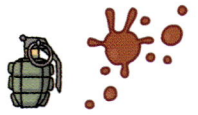

Si la batalla no va bien y el enemigo te está machacando, si tus torpedos no dan en el blanco…, siempre hay una **ÚLTIMA OPCIÓN**: convertir tu avión en una **bomba guiada por ti mismo**.

PERO SI TU AVIÓN EXPLOTA Y TÚ VAS DENTRO…

EXACTO: LA PALMAS.

Puede parecer una locura, pero para muchos de los japoneses que lucharon en la **GUERRA DEL PACÍFICO**, el honor estaba muy por encima de sus vidas y consideraban que merecía la pena **sacrificarse** para conseguir la victoria, antes que ser derrotados o rendirse. Por eso, ya en 1944 comenzaron a producirse los primeros ataques de los llamados *kamikazes*: pilotos que **chocaban aposta** contra sus objetivos.

Muchos de estos pilotos se alistaron voluntariamente a los escuadrones suicidas, y los que eran alistados a la fuerza rara vez se oponían, ya que debían cumplir con su deber y morir en la batalla. En la cultura japonesa, ¡la deshonra no era tolerable!

El funcionamiento era sencillo: tras realizar un ritual, los pilotos se **lanzaban en picado** contra los barcos cargados de explosivos. Así, se convertían en bombas guiadas que no fallaban, a menos que la artillería antiaérea los derribara antes de alcanzar su objetivo.

ESTOS KAMIKAZES LLEGARON A HUNDIR DOS PORTAAVIONES ESTADOUNIDENSES.

Los **JAPONESES** recurrieron tantísimo a esta técnica que llegaron a fabricar vehículos diseñados exclusivamente para ser usados por los kamikazes. Entre ellos, el **KAITEN**, un torpedo equipado con una cabina para el piloto, o incluso el **OHKA**, un avión con todas las letras, lleno de **explosivos** hasta los topes y que, por supuesto, también incluía una cabina para un piloto que no volvería a su base **jamás**.

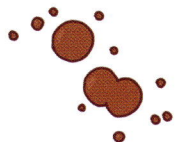

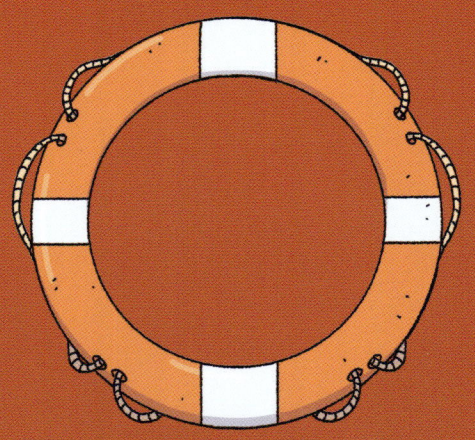

Capítulo V

Más te vale
saber nadar

 # Barcos de guerra

¿Te mareas en alta mar? Si no es así, un **BARCO DE GUERRA** es una buena opción. Toda nación con costa tiene una armada o marina de guerra y, por supuesto, también ellas entraron en acción en la Segunda Guerra Mundial. ¡Al combate, grumetes!

Estar destinado en un buque de guerra puede ser apasionante: visitarás puertos lejanos, conocerás los mares del mundo…, pero también está lleno de **peligros**.

Para empezar, está el propio océano. Una **tempestad** puede mandar tu barco al garete sin haber pegado un solo cañonazo, o un mal cálculo puede hacer que te estrelles contra unas rocas.

Y ya si te encuentras con el **ENEMIGO**, la cosa se pone más seria: un torpedo disparado por otro barco o una bomba lanzada desde un avión pueden causar estragos en tu barco, **hundiéndolo** en cuestión de minutos. ¡Glups!

PIENSA QUE A BORDO DE TU BARCO HAY MILES DE LITROS DE COMBUSTIBLE PARA LAS MÁQUINAS Y MILES DE KILOS DE EXPLOSIVOS PARA LOS CAÑONES. ¡UN SOLO CHISPAZO Y BOOM!

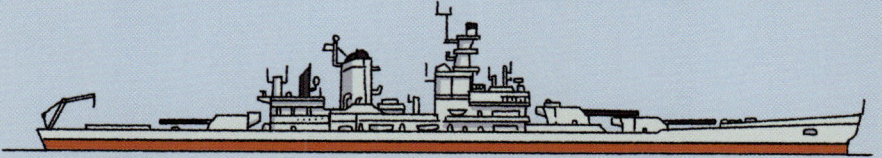

ACORAZADOS: Barcos enormes, bien blindados y con poderosos cañones capaces de alcanzar objetivos a varios kilómetros de distancia. ¡Acorazados como el japonés *Yamato*, el estadounidense *Missouri* o el alemán *Bismark* fueron muy famosos!

CRUCEROS: Naves de guerra un poco más ligeras y con artillería inferior a los acorazados. Pero ¡ojo! Pueden llevar tubos lanzatorpedos como extra.

DESTRUCTORES Y FRAGATAS: Rápidos y bien protegidos, llevaban un montón de sistemas a bordo, como el radar y el sonar, para detectar aviones y submarinos. Su misión era escoltar a otros navíos para protegerlos. ¿Sus armas? Cañones, ametralladoras y ¡torpedos!

CORBETAS: Pequeñas, ligeras y resistentes, se dedicaban a cazar submarinos gracias al sonar. Cuando detectaban uno, soltaban las cargas de profundidad: explosivos que se tiraban al agua y al llegar a cierta profundidad… explotaban.

TORPEDEROS: Pequeños y rápidos, resultaban muy útiles para atacar buques más torpes. Tiraban sus torpedos al agua y, mientras estos viajaban hacia el objetivo, huían para ponerse a salvo.

PERO HUBO DOS NAVÍOS MÁS QUE FUERON CLAVES EN LA SEGUNDA GUERRA MUNDIAL… ¿QUIERES CONOCERLOS?

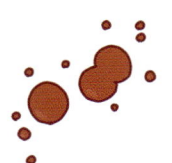

La guerra aeronaval: portaaviones

El **PORTAAVIONES** fue una de las grandes revelaciones de la guerra. Pero ¿qué es, exactamente? Pues una especie de aeródromo flotante. Te permitía llevar un buen puñado de aviones armados a cualquier parte del mar, de manera que no tuvieran que volar durante horas para alcanzar su objetivo (normalmente, un barco o una isla). ¡Recuerda que hay océanos gigantes!

Aunque los portaaviones ya existían desde hacía años, fue durante la Segunda Guerra Mundial cuando se consolidó su importancia. Especialmente, tras el ataque a **PEARL HARBOR**, ya que los **AVIONES JAPONESES** despegaron desde un portaaviones. Estaba claro que estos buques suponían una gran ventaja estratégica, y así lo demostraron en las **grandes batallas** navales de la Guerra del Pacífico. Eso sí, siempre navegaban junto con otros barcos, pues, aunque tenían **cañones antiaéreos**, no eran capaces de defenderse eficazmente por sí solos.

Las naciones que utilizaron más portaaviones fueron las que más presencia naval tenían: **JAPÓN**, **REINO UNIDO** y **ESTADOS UNIDOS**.

Estados Unidos

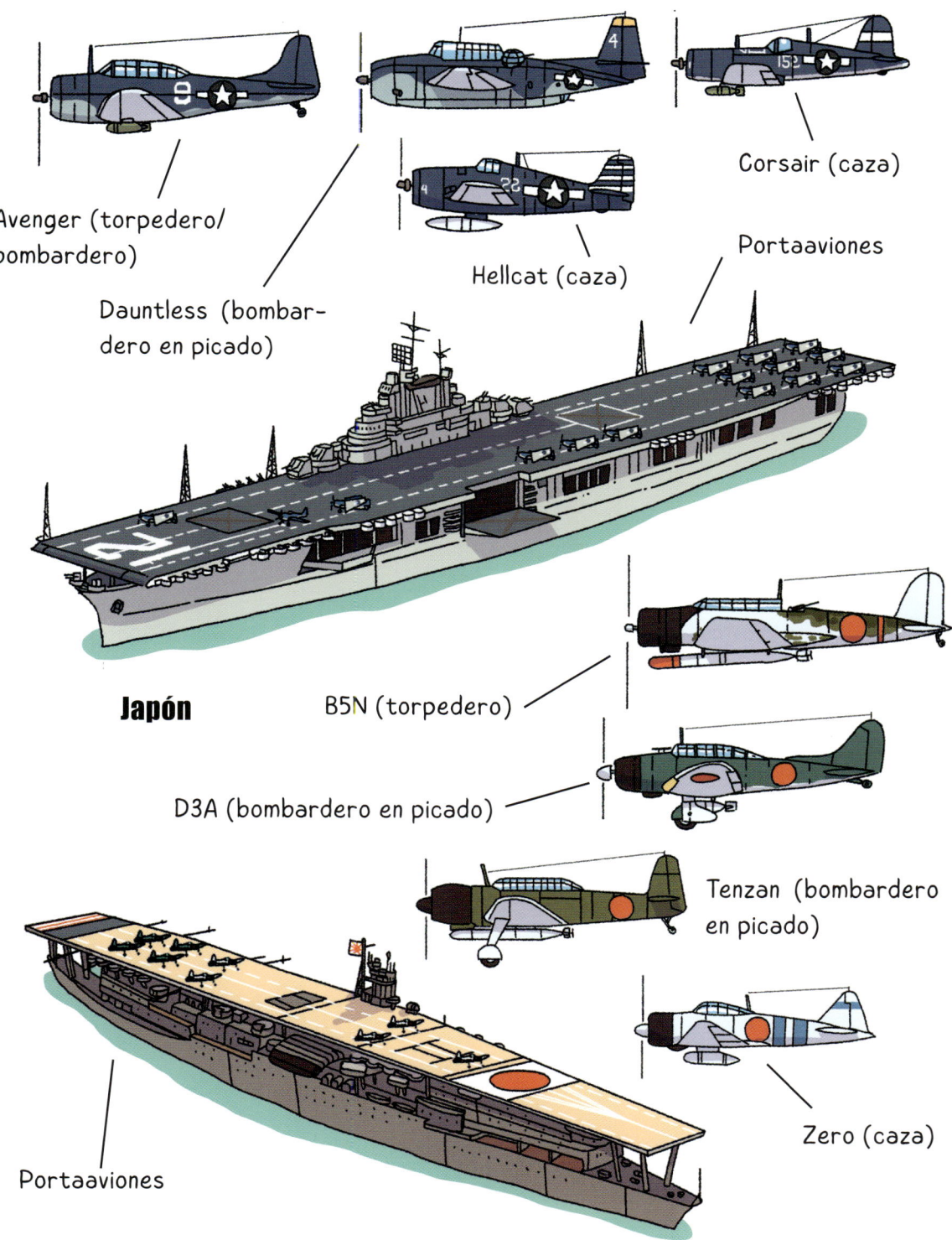

Avenger (torpedero/bombardero)

Dauntless (bombardero en picado)

Corsair (caza)

Hellcat (caza)

Portaaviones

Japón

B5N (torpedero)

D3A (bombardero en picado)

Tenzan (bombardero en picado)

Zero (caza)

Portaaviones

La guerra bajo el mar: submarinos

Los **SUBMARINOS** se estrenaron durante la Primera Guerra Mundial y demostraron ser un **arma temible**. Imagínatelo: viajas en un buque de guerra y, de pronto, salido de la nada, un torpedo impacta contra tu nave. ¡O peor todavía! Viajas en un barco mercante sin armas de ningún tipo y un submarino emerge delante de tus narices y empieza a **cañonearte**.

¡SÁLVESE QUIEN PUEDA!

Así pues, en la Segunda Guerra Mundial, los combatientes no dudaron en recurrir a ellos de nuevo. Sobre todo los alemanes, que se dedicaron a **destruir barcos** de suministros enemigos en el océano Atlántico, tratando así de **asfixiar** a los Aliados.

Los submarinos funcionaban con motores diésel en la superficie y baterías eléctricas que se cargaban mientras estaban emergidos. Por este motivo, normalmente navegaban en superficie, donde eran más rápidos, y solo se sumergían cuando se acercaban al objetivo o cuando querían huir. Solían tener un cañón de cubierta, una ametralladora antiaérea y lanzatorpedos en el morro, ¡no está mal!

Existieron submarinos grandes como los alemanes **U-BOOT**, pero también minisubmarinos para operaciones de **infiltración** y **ataques muy sigilosos**. Pero, independientemente del tamaño, el interior de un submarino siempre era bastante **claustrofóbico**. Se aprovechaba cada recoveco: había cocinas, camarotes, baño, sala de control... ¡Imagínate vivir ahí apretujado durante semanas!

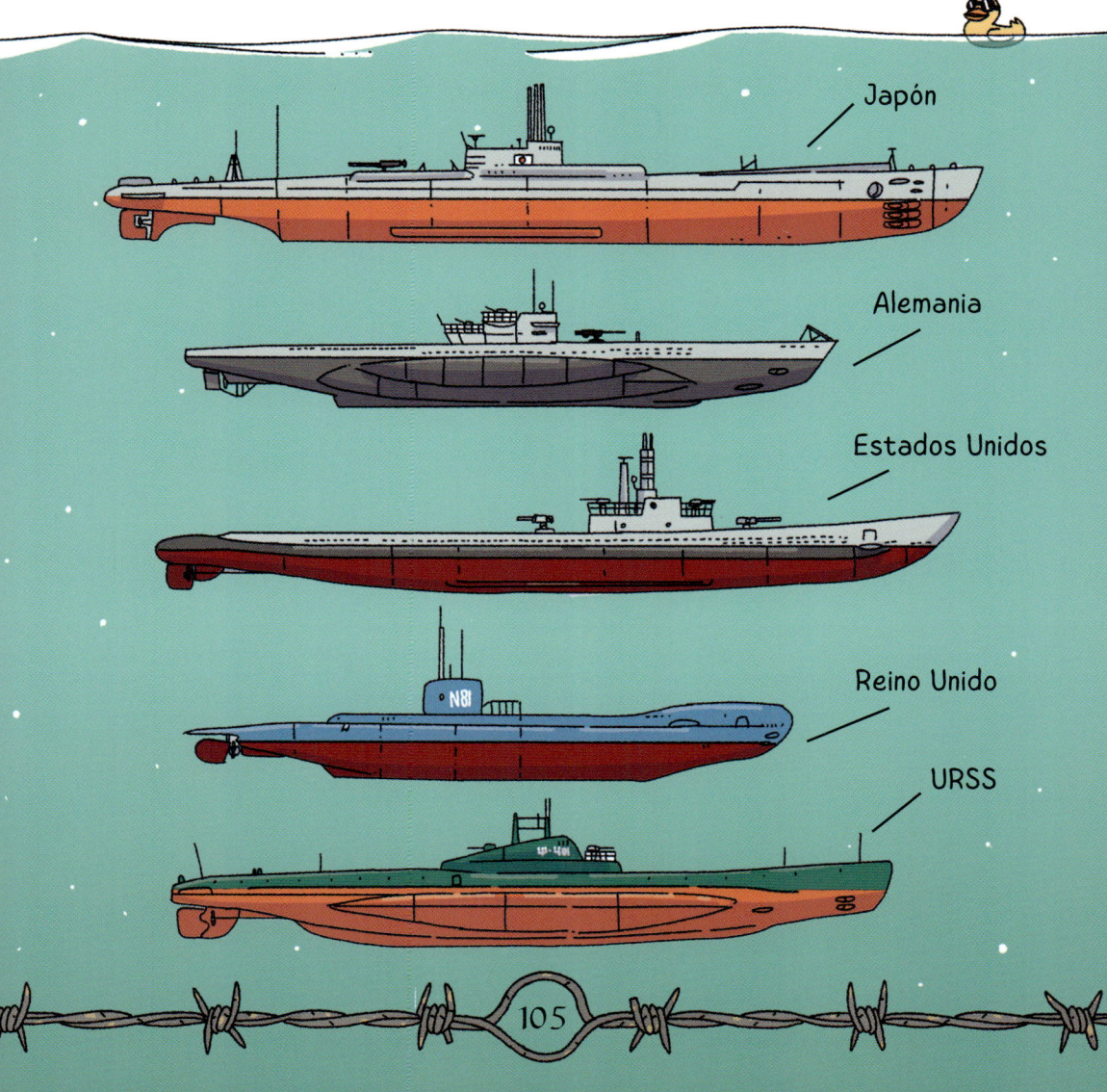

Japón

Alemania

Estados Unidos

Reino Unido

URSS

Misión: buzo explosivo

¿Quieres **hundir** un barco enemigo pero no tienes submarinos ni aviones? Pues no te preocupes, porque existe una manera mucho más **SENCILLA** (y barata) de provocar auténticos estragos en los buques enemigos antes incluso de que salgan de sus puertos (que, además, suelen estar protegidos con redes antitorpedo). Tan solo necesitas un puñado de tipos con ganas de pasar frío durante un rato y... unos cuantos **explosivos**.

¡ES LA HORA DE LOS BUZOS DE COMBATE!

La Segunda Guerra Mundial fue el primer conflicto en el que se realizaron estas operaciones con **ÉXITO**. El método es simple: cuando se hace de noche, tus **submarinistas** se infiltran en el puerto, se sitúan bajo los barcos a atacar, les pegan unas

cargas explosivas y, tras alejarse lo suficiente, las detonan: ¡PUM! Tienes un barco enemigo con un bonito boquete o, directamente, hundido. *¡TACHÁN!*

La Decima Flottiglia MAS

Los primeros en realizar estas hazañas fueron los submarinistas italianos, miembros de la Decima Flottiglia MAS. Llegaron a destruir 14 buques británicos en varios puertos de la Royal Navy, como el de Alejandría, el de Gibraltar o el de Creta. Para infiltrarse, iban buceando o a bordo de unos torpedos modificados para transportar buzos. Estos torpedos salían de submarinos o incluso de buques de aspecto inofensivo, como pesqueros o pequeños barcos mercantes.

También utilizaron otra táctica, que consistía en cargar lanchas rápidas con explosivos y conducirlas hasta el objetivo. Solo que, al contrario que los kamikazes japoneses, los pilotos italianos saltaban de las lanchas cuando ya estaban en camino. ¡Aunque, de todas formas, era casi una misión suicida!

Peligro: ¡Explosión bajo el mar!

ALÉJATE RÁPIDAMENTE DE LAS CARGAS EXPLOSIVAS. AUNQUE ESTÉS BAJO EL AGUA, UNA EXPLOSIÓN PUEDE HACERTE MUCHO DAÑO.

La Batalla del Atlántico

¿Recuerdas la Batalla de Inglaterra, aquella serie de luchas aéreas entre **REINO UNIDO** y los nazis? Pues, si crees que esa fue la única manera en que los alemanes atacaron a los británicos, ¡te equivocas! Y es que, justo al principio de la Segunda Guerra Mundial, **ALEMANIA** se propuso **bloquear por mar** las Islas Británicas. ¡Ya lo había hecho en la anterior guerra!

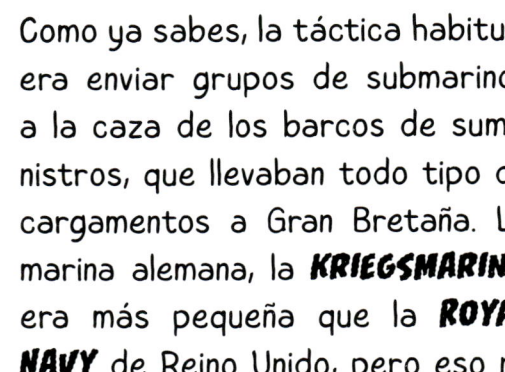

Como ya sabes, la táctica habitual era enviar grupos de submarinos a la caza de los barcos de suministros, que llevaban todo tipo de cargamentos a Gran Bretaña. La marina alemana, la **KRIEGSMARINE**, era más pequeña que la **ROYAL NAVY** de Reino Unido, pero eso no desalentó a los alemanes. Ni cortos ni perezosos, iniciaron una campaña de **ataques submarinos** contra la marina mercante británica y aliada. Esta campaña se alargaría hasta el final de la guerra, y se llevaría por delante **cientos de barcos**.

¿Y AHORA QUÉ HAGO?

TRANQUILO, NOSOTROS LO ESCOLTAREMOS.

El sistema de convoyes

Estaba claro que los mercantes no podían viajar, así que la marina de guerra empezó a acompañarlos formando un **CONVOY**, para evitar los ataques alemanes.

Los barcos mercantes se colocaban en el **CENTRO**, todos juntos, y a su alrededor se apostaban los destructores y los cruceros, siempre **VIGILANTES** por si aparecían submarinos. Para ello, oteaban el horizonte con prismáticos, pero también usaban el **SONAR**, capaz de detectar movimiento bajo el mar. Además, en muchos casos un portaaviones ligero acompañaba al convoy, de manera que los aviones patrullaban también por el aire.

Si un periscopio asomaba por el mar, o **pillaban** a un submarino cargando las baterías, todo el convoy se movilizaba para atacar al submarino. ¡Nada como tener **GUARDAESPALDAS**!

La Guerra del Pacífico

Como ya sabes, una de las mayores luchas de la Segunda Guerra Mundial tuvo lugar en el **OCÉANO PACÍFICO**, entre japoneses y estadounidenses. Cientos de buques se **enfrentaron en mar abierto** por el control de islas estratégicas, normalmente porque en estas islas había bases aéreas de uno y otro país, desde donde partían los cazas y los bombarderos. ¡Capturar cada uno de ellos era un gran avance!

No obstante, no pienses que en estas batallas un barco se enfrentaba a otro barco a cañonazos, sin más. Estos enfrentamientos se desarrollaban entre formaciones de varios buques, que se iban protegiendo unos a otros mientras patrullaban el mar. Acorazados, portaaviones, buques de suministros…, acompañados de aviones de reconocimiento y submarinos, por supuesto. En cuanto un bando detectaba al otro, comenzaba la fiesta: cañonazos, torpedos, bombas… ¡Peligro por todas partes!

NO ES QUE AYUDE MUCHO, PERO YO QUE TÚ ME PONÍA UN SALVAVIDAS.

Peligro: ¡Tiburones!

SI TU BARCO SE HUNDE, TEN CUIDADO…
PUEDE QUE LOS TIBURONES DEL PACÍFICO
TE ARRANQUEN UN BOCADO. ¡AY!

BATALLA DE LA ISLA DE WAKE

8-23 de diciembre, 1941

Los japoneses derrotaron a las fuerzas navales estadounidenses que protegían la pequeña isla de Wake, donde habían establecido un aeródromo. ¡Tardarían 3 años en recuperarla!

BATALLA DEL MAR DEL CORAL

7-8 de mayo, 1942

La primera batalla con portaaviones de la historia. Ambas flotas sufrieron grandes daños y los estadounidenses perdieron, entre otros, dos portaaviones. En realidad, la cosa quedó en empate, ya que ambos bandos decían que habían ganado.

BATALLA DE MIDWAY

4-7 de junio, 1942

Esta ya la conoces. Los japoneses querían hacerse con las islas Midway, e intentaron atacar por sorpresa a la US Navy. Pero los estadounidenses descubrieron sus intenciones, les tendieron una emboscada y acabaron hundiendo cuatro portaaviones japoneses; una pérdida de la que la Armada Imperial no se recuperó jamás.

BATALLA DEL GOLFO DE LEYTE

23-26 de octubre, 1944

A día de hoy es la batalla naval más grande de la historia. En su lucha por recuperar las islas Filipinas, los marines de Estados Unidos y Australia hundieron 28 barcos de los japoneses… ¡mientras que ellos solo perdieron 6!

Capítulo VI

Y la gente normal, ¿qué?

Tiempos de guerra

Si no te han llamado a filas y has decidido no alistarte, te quedarás en casa, como muchos otros **CIVILES** (es decir, personas no pertenecientes al ejército). Pero si crees que esto te librará de las **amenazas de la guerra**... ¡te equivocas!

La Segunda Guerra Mundial afectó la vida de millones de personas que ni siquiera se acercaron al **CAMPO DE BATALLA**. Lamentablemente, las tropas enemigas y los gobernantes se encargaron de que la **violencia** y la **miseria** llegaran hasta la puerta de cualquier familia... o incluso les entraran en **casa**.

HABÍA DE TODO: PODÍAN BOMBARDEARTE EL BARRIO... O TU DICTADOR PODÍA VOLVERSE PARANOICO Y PONERSE A CASTIGAR A TODO QUISQUI. ¡SER UN SIMPLE CIVIL NO TE SERVIRÁ DE MUCHO!

PERO LO PRIMERO EN LO QUE NOTARÁS LA GUERRA SERÁ, SEGURAMENTE, EN LAS TIENDAS.

Guerra total

Cuando una nación entera dedica todos sus recursos materiales y económicos a un **conflicto armado** significa, querido ciudadano, que es una situación de **GUERRA TOTAL**. Esto implica que todo lo demás, incluida la vida de los ciudadanos, queda en **SEGUNDO PLANO**.

Mover cientos de tanques, aviones y barcos, alimentar a miles de hombres, fabricar toneladas de municiones y armas… Todo eso implica que hay grandes cantidades de materiales y esfuerzo que ya no se van a destinar a cosas cotidianas. Hasta la más pequeña pieza de metal se utilizará para fabricar cascos y balas, y también te costará encontrar prendas como medias, ya que el nailon es necesario para fabricar paracaídas y uniformes. Por no hablar de combustibles como la gasolina… ¡Una guerra consume muchos recursos!

Las **FÁBRICAS** también notarán el cambio, por supuesto. Aquellas que antes hacían neveras comenzarán a fabricar **municiones**; las que hacían coches y autobuses se pondrán a fabricar **blindados** y **camiones**…

PERO, SI LA MAYOR PARTE DE LOS HOMBRES JÓVENES ESTÁN EN EL FRENTE, ¿QUIÉN TRABAJARÁ EN LAS FÁBRICAS?

BUENA PREGUNTA… ¡SIGUE LEYENDO!

Mujeres a la fábricas

Efectivamente: con la ausencia de tantos hombres jóvenes, las fábricas se llenarán de **MUJERES** que acudirán a producir todas esas armas y vehículos tan necesarios en el frente.

Por supuesto, este fenómeno no es nuevo. Ya en la anterior guerra mundial, las mujeres comenzaron a cubrir los puestos que los hombres dejaban en las fábricas. Pero, ojo: para muchas, tanto esto como alistarse en el ejército suponía una **OPORTUNIDAD** para aprender un oficio y escapar de los roles que les imponía la sociedad. ¡Nada de seguir encerradas en el hogar!

Gracias a la producción en cadena, cada nueva empleada solo tenía que aprender a hacer una cosa: remachar, soldar, manejar una máquina concreta o montar una serie de piezas. ¡Pero cuidado! En la fábrica también había **peligros**, ya que trabajaban con electricidad, sustancias inflamables, piezas que pesaban una tonelada, explosivos y armas de verdad. ¡Había que andarse con ojo!

SEGURO QUE CONOCES A ROSIE LA REMACHADORA, ¿VERDAD? ¡ESTÁ INSPIRADA EN MUJERES REALES DE LAS FÁBRICAS!

We Can Do It!

¡Vaya hambre!

Si los enemigos de tu país empiezan a **atacarte**… es posible que acaben causando **daños** en **INFRAESTRUCTURAS** importantes.

Por ejemplo, si un bombardeo destruye una central eléctrica o daña los transformadores, sufrirás **cortes de luz** en casa y las fábricas y los hospitales no podrán funcionar bien. ¿La solución? Pues velas o lámparas de aceite, qué remedio. Pero la cosa puede empeorar: si un bombardeo cae sobre una presa o las tuberías, **no llegará agua** ni a tu casa ¡ni a los cultivos! Esto, unido a la necesidad de alimentar a las tropas, tendrá una consecuencia clara: habrá **menos comida** y, por tanto, habrá que racionarla.

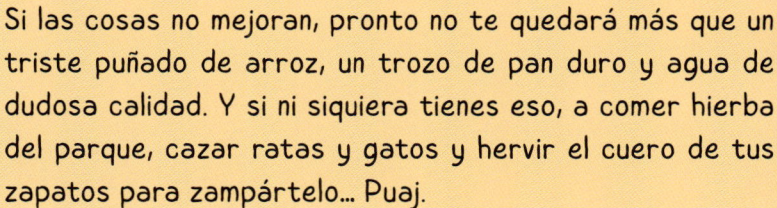

LAMENTABLEMENTE, EL RACIONAMIENTO POCAS VECES CUBRÍA LAS NECESIDADES DE LA POBLACIÓN, Y LA GENTE PASABA MUCHA HAMBRE.

Al principio desaparecerán caprichos como los dulces y los caramelos; luego, el café, el chocolate, la carne enlatada y algunas hortalizas, hasta que finalmente sea imposible encontrar carne y fruta fresca.

Si las cosas no mejoran, pronto no te quedará más que un triste puñado de arroz, un trozo de pan duro y agua de dudosa calidad. Y si ni siquiera tienes eso, a comer hierba del parque, cazar ratas y gatos y hervir el cuero de tus zapatos para zampártelo… Puaj.

 # Ciudades asediadas

Si el enemigo se acerca y llega hasta las puertas de tu ciudad, prepárate, porque estás a punto de vivir un **asedio**.

MIRA QUE NO ME ALISTÉ PORQUE PASO DE LA GUERRA... ¡Y AHORA LA TENGO EN LA PUERTA DE CASA!

El objetivo de un asedio es que los gobernantes de la ciudad se rindan. Para ello, el enemigo no dudará en **destruir y matar** a base de **BOMBARDEOS** y ataques de **ARTILLERÍA**. Por otro lado, cortarán las entradas y salidas de la ciudad, para evitar que entren refuerzos y suministros.

¿EN CONCLUSIÓN? QUE AHORA VAS A PASAR AÚN MÁS HAMBRE Y, ADEMÁS, CON EL EXTRA DE QUE PUEDEN ACABAR CONTIGO EN CUALQUIER MOMENTO.

Lo más sensato sería **HUIR**, pero, si no es posible, tendrás que buscar un lugar para esconderte y **AGUANTAR**. Aunque, claro, no será fácil. Con bombas cayendo por todas partes, apenas podrás salir para conseguir comida (si es que queda alguna), y encima no habrá ni luz, ni agua, ni calefacción. Por no hablar de los **combates en plena calle**, en los que no habrá piedad.

Durante la Segunda Guerra Mundial, se asediaron muchas ciudades. Ya en los primeros días, durante la invasión de **POLONIA**, los alemanes bombardearon la ciudad de Varsovia para obligarla a rendirse y, como no surtió efecto, iniciaron un terrible asedio en el que la **arrasaron por completo**. Y el final de la guerra también lo marcó un durísimo asedio: esta vez, el de **BERLÍN**, el objetivo final de los Aliados.

Pero el caso más famoso es el de **STALINGRADO** (la actual Volgogrado), del que ya hemos hablado. La ciudad fue asediada por los alemanes y llegaron a tomar algunas zonas, pero los soviéticos resistieron en otras y finalmente consiguieron cercar a los alemanes, obligándolos a rendirse. Esta batalla duró **200 días** (¡más de medio año!) y provocó casi **dos millones de muertos** (más de 200.000 civiles).

Bombardeos

Te estén asediando o no, es posible que en algún momento de la guerra tu ciudad sea **BOMBARDEADA**. Es decir, que aparezcan un montón de **AVIONES** en el cielo... y **suelten explosivos por todas partes**.

Por muy **cruel** que suene, los bombardeos sobre civiles son algo **bastante común** en las guerras. Puede que los atacantes se justifiquen diciendo que solo querían destruir una fábrica de armas o una base militar..., pero estas bombas se lanzan desde tal altura que **apenas tienen precisión**. Esto significa que, si quieren destruir una fábrica, destruirán también **todo lo que hay a su alrededor**.

> O SEA QUE PUEDE CAERTE UNA BOMBA MIENTRAS ANDAS POR LA CALLE O ESTÁS COMPRANDO EN EL MERCADO.

Y es que el objetivo real de los bombardeos es **arrasar** con todo y **provocar el terror**, para **DESMORALIZARTE** a ti y a tus conciudadanos.

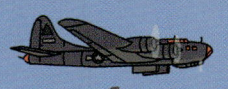

Cuando los bombarderos se acerquen, las **SIRENAS** sonarán por toda la ciudad. Es posible que los **CAÑONES ANTIAÉREOS** y los **CAZAS** de tu país derriben al enemigo, pero, por si acaso, ¡más te vale buscar refugio bajo tierra! Seguramente en tu ciudad habrá **REFUGIOS ANTIAÉREOS** bien señalizados. Si no, un truco: las estaciones de metro son unos lugares estupendos para protegerte de las **bombas**.

SHELTER

MANTÉN LA CALMA Y SIGUE ADELANTE.

Algunas ciudades que fueron particularmente bombardeadas fueron:

LONDRES
(REINO UNIDO)

TOKIO
(JAPÓN)

DRESDE
(ALEMANIA)

HAMBURGO
(ALEMANIA)

🪖 ¡Resiste! 🪖

A veces, cuando el ejército de tu país no puede hacer frente al invasor y este os somete a ti y a los tuyos a un **gobierno tiránico**, no queda otra que levantarse en armas: ¡es la hora de la **INSURRECCIÓN**!

Durante la Segunda Guerra Mundial, hubo un montón de civiles que formaron **GUERRILLAS** y grupos de resistencia. Hombres y mujeres arriesgaron su vida para obstaculizar la acción del enemigo.

La más famosa es la **RESIS-TENCIA FRANCESA** pero en todos los países invadidos se formaron grupos clandestinos armados. Como el de Varsovia, que dio lugar al Alzamiento de 1944.

Acciones de la resistencia

Pero ¿qué pueden hacer unos simples civiles con poca o **nula experiencia militar** contra un ejército bien entrenado? Evidentemente, no puedes enfrentarte al enemigo en campo abierto... Pero, si sigues esta guía, tal vez puedas conseguir algo:

Guía de la resistencia

SABOTAJE: Todo un clásico. Consiste en destruir infraestructuras importantes para poner obstáculos al enemigo. Cortar cables de teléfono y telégrafo, destruir vías ferroviarias, volar puentes y depósitos de combustible…

EMBOSCADAS: Jugar en casa tiene una gran ventaja, y es que conoces todos los caminos, atajos, bosques y ríos del lugar. El enemigo será vulnerable a un ataque por sorpresa.

INTELIGENCIA: Abre bien ojos y oídos. Todo lo que averigües será muy importante para realizar las acciones de esta guía o para pasarles la información a tus aliados extranjeros que sí tengan ejército.

ELIMINACIÓN DE OBJETIVOS IMPORTANTES: Literalmente matar a oficiales, agentes de inteligencia o miembros de la policía secreta enemiga. ¿Cómo? Pues con francotiradores, bombas, veneno o directamente un disparo a quemarropa en un callejón.

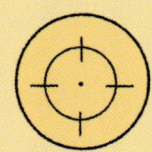

SUMINISTROS: Como partisanos (es decir, guerrilleros), vais a necesitar vendas, medicamentos, municiones, productos químicos para fabricar explosivos caseros, ropa, comida… Alguien tiene que encargarse de todo esto ¡y hacer inventario!

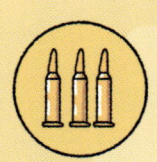

PROPAGANDA: Es fundamental hacer saber a todo el mundo que el pueblo no se rinde y existe una resistencia, para así sumar miembros, mantener la moral alta e incluso conseguir que en el extranjero se sepa qué está ocurriendo en tu país. Para ello, no hay nada como editar un periódico clandestino, pegar carteles, repartir folletos y hacer emisiones de radio.

Espías

Como suele decirse, la **información es poder**. Por eso, la Segunda Guerra Mundial fue una época muy movidita para las **AGENCIAS DE INTELIGENCIA**, también conocidas como servicios secretos. Es decir: ¡espías!

Cada país tenía una o varias agencias de este tipo: Alemania tenía la **ABWEHR**; Reino Unido, el **MI6**; Estados Unidos, la **OSS** y la **ONI**; la URSS, el **NKVD** y el **SMERSH**; y Japón, el **KEMPEITAI**.

Espionaje, contraespionaje y agentes dobles

Los agentes secretos se movían entre los países en guerra y los neutrales. Mientras unos trataban de recopilar información (**ESPIONAJE**), otros trataban de descubrir a los primeros (**CONTRAESPIONAJE**). Y luego estaban los **AGENTES DOBLES**: aquellos espías que en teoría trabajaban para un bando, pero que en realidad servían al bando contrario. **¡Un juego muy peligroso!**

Para conseguir información, los espías usaban todo tipo de triquiñuelas: colocaban micrófonos, se colaban en lugares secretos, se hacían amigos de los oficiales enemigos, seducían a altos cargos políticos y militares… Cualquier cosa para cumplir su misión.

SI TE PILLABAN, *BYE BYE*: ¡EL ESPIONAJE ERA UN DELITO CASTIGADO CON LA MUERTE!

Espías famosos

JOAN PUJOL, «GARBO»: Nacido en Barcelona, se puso al servicio de los alemanes con la intención de pasarles luego información a los británicos. Su labor fue fundamental para el éxito del Desembarco de Normandía, ya que hizo creer a Hitler que el ataque de los Aliados vendría por el Paso de Calais.

KRYSTYNA SKARBEK: Nacida en Varsovia, fue la primera espía del servicio de inteligencia británico, ¡una auténtica mujer de acción! Gracias a su relación con la aristocracia y su entrenamiento, logró infiltrarse en Polonia para conseguir documentos de vital importancia. Realizó operaciones también en Egipto, Oriente Medio y Francia, donde organizó comandos de la resistencia.

RICHARD SORGE: Probablemente el mejor espía de todos los tiempos. Logró robar para Stalin importantísimos secretos militares y políticos de Alemania y Japón. ¿Cómo? Tejiendo una red de informadores mientras se ocultaba participando en fiestas y actividades diversas. Al final, en 1944, los japoneses acabaron pillándolo y lo ejecutaron.

JOSEPHINE BAKER: En los años 20 y 30, era una gran estrella del espectáculo y, cuando la guerra estalló, no dudó en alistarse como espía. Usaba sus contactos e invitaciones a fiestas en embajadas para enterarse de los movimientos de las tropas enemigas, y luego transmitía la información: primero a las autoridades francesas y, tras la caída de Francia, a la resistencia. ¿Que cómo lo hacía? Pues ¡utilizando tinta invisible en sus partituras!

Guerras entre vecinos

Entre la **GENTE DE A PIE** tampoco resultaba fácil **confiar en nadie**. Al fin y al cabo, durante la Segunda Guerra Mundial hubo líderes totalitarios que se valieron de la **violencia** para controlar a los ciudadanos: si pensabas un poco distinto, los **SERVICIOS SECRETOS** del país se te echaban encima. ¡Y, si intentabas colaborar con «el enemigo», ya ni te cuento!

De hecho, hubo países en los que se creó una policía secreta exclusivamente para este cometido: espiar e investigar a la población. La más famosa es la infame GESTAPO alemana (Geheime Staatspolizei, es decir, «Policía Secreta del Estado»), que se dedicaba a buscar a los enemigos de los nazis en todos sus territorios, para después apresarlos, interrogarlos y, si procedía, eliminarlos. También los soviéticos tuvieron su policía secreta, la VChK, más conocida como Cheka, que se dedicaba a perseguir a los enemigos políticos de Stalin. Luego los mandaban a cárceles secretas, donde los torturaban y ejecutaban.

PERO LO PEOR ES QUE ESTOS POLICÍAS MUCHAS VECES ACTUABAN BASÁNDOSE EN INFORMACIÓN DUDOSA O ¡MEROS RUMORES!

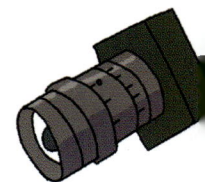

Por este motivo, la gente empezó a **desconfiar** de todo el mundo. Si cualquier cosa, por mínima que fuera, podía hacer que te **encarcelaran** o algo peor, ¡mejor librarse de toda sospecha! Así que había quienes directamente se ponían a **VIGILAR** a sus vecinos y los **DENUNCIABAN** cuando veían algo que no encajaba con los mandatos del gobierno de turno.

Esto fue especialmente duro en los países ocupados por los alemanes, como **POLONIA** o **FRANCIA**. Las autoridades nazis **perseguían** no solo a los que pensaban distinto, sino también a ciertos **GRUPOS ÉTNICOS**, como los **GITANOS** o los **JUDÍOS** (que, como recordarás, eran el enemigo público n.º 1 para Hitler). Así que muchos ciudadanos se pusieron a **denunciar** a las personas de su alrededor que encajaban en esos perfiles. ¡O a aquellos que intentaran protegerlos!

ALGUNOS DE LOS DENUNCIANTES LO HACÍAN POR CONVENCIMIENTO, PERO MUCHOS OTROS LO HACÍAN POR PURO MIEDO (Y CIERTO EGOÍSMO). ¡CUALQUIER COSA CON TAL DE SALVARSE A ELLOS MISMOS!

LO MALO ES QUE EL ASUNTO DE LOS JUDÍOS Y OTROS COLECTIVOS ESTABA A PUNTO DE PONERSE MUCHO, MUCHO PEOR. SIGUE LEYENDO... Y PREPÁRATE PARA EL INFIERNO.

El antisemitismo

Primero, fue la propaganda. **HITLER** no paraba de lanzar mensajes contra los judíos, lo que provocó **burlas e insultos**. Pero poco a poco la cosa **empeoró**. Más y más ciudadanos empezaban a **odiar** a los **JUDÍOS** y el Gobierno creó leyes que **restringían sus derechos**, permitiendo que se asaltaran sus negocios y propiedades. Después, se les obligó a llevar un **BRAZALETE** para identificarlos y les **prohibieron moverse con libertad**, encerrándolos en **GUETOS** (es decir, barrios donde vivían marginados del resto de la población).

> ¿TE PARECE EXAGERADO?
> PUES ESPERA Y SIGUE
> LEYENDO.

Los campos de concentración

Un **CAMPO DE CONCENTRACIÓN** es un lugar donde se confina a una gran cantidad de personas. Al contrario que en las cárceles, los presos llegan allí sin pasar por un juicio. Una vez en el campo de concentración, los prisioneros viven **apiñados en barracones**, son obligados a trabajar e incluso sufren **torturas**.

Hubo campos de concentración en varios países, pero los más famosos fueron los de los nazis. Construyeron los primeros ya en **1933**, destinados a gente que no les gustaba por sus **IDEAS**

POLÍTICAS: comunistas, demócratas… No obstante, pronto pasaron a encerrar a los **GRUPOS SOCIALES** que consideraban inferiores o «enemigos»: gitanos, homosexuales, testigos de Jehová y, por supuesto, **JUDÍOS**.

Mientras algunos ciudadanos apoyaban a los nazis, muchos otros trataron de proteger a los judíos de estas «deportaciones». ¿Te suena Anne Frank? Fue una joven judía que estuvo oculta durante dos años junto con su familia, dejándolo todo escrito en su famoso diario. Como ella, miles de judíos tuvieron que esconderse. Pocos sabían adónde los deportarían…, pero lo que sí sabían es que nunca volverían.

Y es que los campos de concentración se habían convertido en el escenario perfecto para que los **NAZIS** llevaran su plan a la última fase: **«la solución final»**. ¿Y qué solución era esa? Pues… exterminar a los judíos. Como lo lees: matarlos. Para ello, metían a cientos de personas en una cámara hermética y soltaban un **gas tóxico**. Nadie sobrevivía.

Para cuando la guerra terminó, los **NAZIS** habían **asesinado a millones de judíos, gitanos y otros presos**. Por eso es muy importante recordarlos: porque jamás, jamás en la historia debe repetirse algo igual.

¡¿CÓMO ES QUE NADIE SE LEVANTÓ PARA DETENER ESTO?!

El cine propagandístico

¿**La moral está baja?** No hay problema: la **PROPAGANDA** es una herramienta muy poderosa para convencer y subir los ánimos de la población. Carteles, campañas publicitarias... ¡y **CINE**!

Durante la Segunda Guerra Mundial, ya existían grandes productoras, directores prestigiosos y actores y actrices famosos. En otras palabras: ¡el poder del cine era enorme!

Por eso, todas las naciones encargaron **PELÍCULAS** que mostraran la **guerra** bajo una **LUZ FAVORECEDORA**. Alemania, la URSS, EE. UU., etc. ¡Nadie se perdía la fiebre del séptimo arte!

Normalmente, las películas de ficción trataban sobre **SOLDADOS IDEALIZADOS** y **HEROICOS** que luchaban contra un **enemigo despiadado**. Además, a menudo este enemigo era caricaturizado; de esa forma ¡resultaba aún más despreciable!

¡YO DE HÉROE NO TENGO NADA! ¡QUIERO IRME A MI CASA!

PERO... ¿ESTO NO ERA UNA MANERA DE EXTENDER ODIO? ¿NO SE SUPONE QUE ESO ESTÁ MAL?

BUENO, MAJA, EN LA GUERRA TODO VALE.

También se hicieron documentales, con testimonios de soldados e **IMÁGENES REALES** de entrenamientos y ¡del campo de batalla!

¡Y NO NOS OLVIDEMOS DE LA ANIMACIÓN! DURANTE ESTA ÉPOCA, HUBO UN MONTÓN DE PROPAGANDA EN FORMA DE CORTOS DE DIBUJOS ANIMADOS.

Peligro: ¡Censura!

SI ERES CINEASTA, DEBES SEGUIR UNA GUÍA APROBADA POR EL MINISTERIO DE LA GUERRA. SI NO, CORRES EL RIESGO DE QUE TU PELÍCULA SEA PROHIBIDA Y TE MULTEN... ¡O TE METAN EN LA CÁRCEL!

Taquillazos de la época

EL GRAN DICTADOR (EE. UU., 1940): Una divertida película en la que se parodia el nazismo. No puede considerarse propagandística, pero hace una crítica feroz contra la persecución de los judíos, el fascismo y la guerra. Además, ¡es la primera película en la que el mítico Charlie Chaplin habla!

TITANIC (Alemania, 1943): En esta versión del naufragio más famoso de la historia, el guionista se inventa el personaje de un marinero alemán que es el héroe de la película, mientras que británicos, franceses y extranjeros en general son bobos, cobardes y avariciosos.

MOSCÚ CONTRAATACA (URSS, 1942): Un documental en el que se cuenta la heroica resistencia de Moscú contra la invasión alemana. Si bien hay muchas partes muy idealizadas, la película cuenta con escenas de combate reales. ¡Los cámaras se jugaron la vida para grabarlas!

Capítulo VII

El fin de la Segunda Guerra Mundial

Después de la guerra

Tras la **RENDICIÓN** de Alemania y Japón, se daba por finalizada la guerra **más sangrienta** hasta la fecha. ¡Por fin! Medio mundo se llenó de **CELEBRACIONES**.

No es fácil poner punto y final a una catástrofe tan terrible... Muchos países tuvieron que comenzar una lenta y penosa **RECONSTRUCCIÓN** de sus ciudades. Poblaciones arrasadas, campos de cultivo destruidos, minas y bombas sin detonar por todas partes... y no hablemos las **secuelas físicas y psicológicas** de militares y civiles... ¡de ambos bandos!

EL CONCEPTO DE «GENOCIDIO», QUE SE DEFINE COMO EL EXTERMINIO SISTEMÁTICO DE UN GRUPO DE PERSONAS, NACIÓ CUANDO EL MUNDO VIO LAS ATROCIDADES DE LOS CAMPOS DE CONCENTRACIONES.

Alguien debía cargar con la **RESPONSABILIDAD** del terrible genocidio de los nazis (que se conoce como Holocausto) así que en noviembre de 1945 empezaron los juicios de **NÚREMBERG**, donde se **CONDENÓ** a los altos mandos que habían sido capturados.

Una oportunidad para las colonias

La guerra había debilitado a todas las naciones, incluso a aquellas que tenían colonias repartidas por el mundo. Y esto fue clave para los habitantes de esos territorios, que estaban hartos de que los gobernaran desde fuera. Así que aprovecharon para plantarles cara y, por fin, consiguieron su ansiada independencia.

Lo ocurrido también puso sobre la mesa la necesidad de cooperación entre las naciones. Así nació la Organización de las Naciones Unidas (**ONU**), que velaría por la **PAZ** y los **DERECHOS HUMANOS**. Siguiendo su estela, también apareció la Organización del Tratado del Atlántico Norte (**OTAN**), una **ALIANZA MILITAR INTERNACIONAL** en la que varios países se comprometían a protegerse en caso de **ataques ajenos**.

UN MOMENTO, SI QUERÍAN PAZ, ¿PARA QUÉ NARICES FIRMAN UNA ALIANZA MILITAR OTRA VEZ?

EN REALIDAD, TANTAS GANAS NO TENDRÍAN, PORQUE ENSEGUIDA EMPEZÓ LA GUERRA FRÍA.

La guerra fría

¿Recuerdas aquello de que a la mayor parte de los mandatarios no les gustaba el comunismo y, por consiguiente, la **URSS**? Pues bien, los soviéticos habían salido de la Segunda Guerra Mundial con aún **más territorios y poder** y, claro, esto no gustaba nada a **ESTADOS UNIDOS** y sus amigos **OCCIDENTALES**. Así pues, el mundo volvió a partirse en dos bloques, capitaneados por EE. UU. y la URSS.

Esta rivalidad duró **45 años**, pero las potencias no llegaron a enfrentarse directamente. En vez de eso, se dedicaron a desarrollar armas, **compitiendo** por superarse la una a la otra, y a guerrear en otros países (aquellos que acababan de conseguir la independencia) para **acumular poder**.

 # El legado de la IIGM

Tras la guerra, el mundo cambió por completo. Y no solo por la **HUELLA** imborrable que dejó en los millones de personas que **SOBREVIVIERON** al conflicto.

Pero ¡eso tú ya lo sabes! Si has seguido esta guía y has **sobrevivido**, seguro que reconoces perfectamente el legado que nos ha dejado la Segunda Guerra Mundial:

• Este conflicto supuso un **SALTO TECNOLÓGICO** tremendo en el ámbito militar. Novedades como el radar, los portaaviones o los fusiles de asalto vendrían a revolucionar la manera de hacer la guerra en los siglos XX y XXI.

• En el campo de la aviación, la invención del **MOTOR A REACCIÓN** inició una nueva era de aeronaves más rápidas y potentes. ¡Seguro que tú mismo has viajado en un avión con motor a reacción!

• Los avances en la tecnología de los **COHETES** fue vital para las primeras misiones espaciales de la humanidad. Gracias a ellos, pudimos poner satélites en órbita ¡y mandar astronautas a la Luna!

• El descubrimiento de la **FISIÓN ATÓMICA** revolucionó la ciencia de la física. Se crearon más armas nucleares, pero también las centrales nucleares, una importante fuente de energía.

• El **HOLOCAUSTO** permitió concienciar sobre los peligros del odio y la discriminación, no solo hacia los judíos, sino hacia cualquier grupo social. Aunque lamentablemente a día de hoy estamos lejos de librarnos de estos problemas, es importante que sepamos reconocerlos para poder combatirlos.

• La creación de las **NACIONES UNIDAS** y de otras agencias asociadas fue, y sigue siendo, muy importante a la hora de evitar conflictos armados y ayudar a las poblaciones que sufren la guerra y otros desastres. La ONU también redactó la **DECLARACIÓN UNIVERSAL DE DERECHOS HUMANOS**, que recoge una lista de derechos humanos básicos que siempre se deberían respetar.

• El impacto de la Segunda Guerra Mundial en la **CULTURA** es innegable, inspirando miles de películas, libros y juegos. Por ejemplo, las famosas sagas de videojuegos *Call of Duty* o *Battlefield*, o películas como *Salvar al soldado Ryan* o *Dunkerque*.

¡ENHORABUENA, SUPERVIVIENTE!

Ahora que conoces todos los trucos para sobrevivir a este **conflicto**, ¡ni siquiera una división acorazada podrá contigo! Protege tu cabeza con un casco, canta *Lili Marleen* y sal a defender la libertad. **¡LA SEGUNDA GUERRA MUNDIAL TE ESPERA!**

¿Te has quedado con ganas de más?

¡Descubre el resto de la colección!

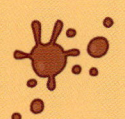

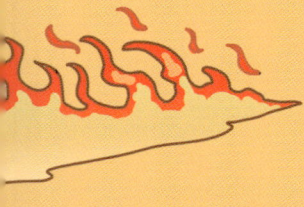

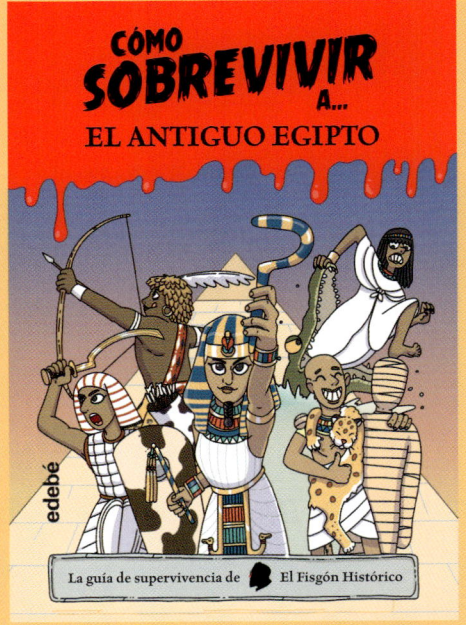

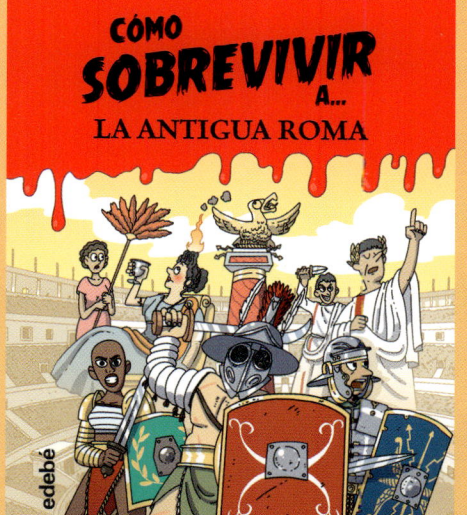

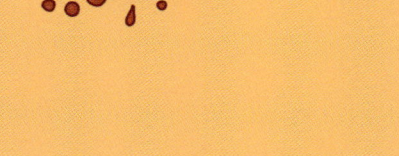

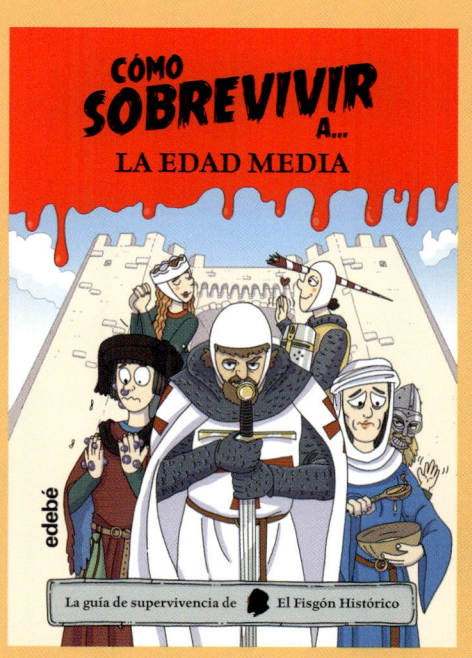